序

探寻新时期国有企业中党的领导力

在全面建设社会主义现代化国家的过程中，国有企业的重要性不言而喻。国有企业的存续和健康发展，直接关系到公有制主体地位的巩固，也关系到党的执政地位的稳固和执政能力的提升。改革开放40多年来，国企能够做大做强，其根本原因就是中国共产党发挥了领导核心作用和主心骨作用。

国有企业为中国特色社会主义制度提供了重要的物质基础和政治基础。在当前的经济形势和社会环境下，国有企业改革已经进入攻坚期和深水区，继续加强党的领导，探寻新时期国有企业中党的领导力势在必行。

党的领导是国有企业与生俱来的红色基因。坚持党的领导，听党的话，加强企业党建，这样的理念及企业文化，始终根植于国有企业的传统之中。回顾中国共产党百年历史，从中央苏区的小作坊到新中国成立初期的“公私合营”，从计划经济时代的国营企业到当代具有国际竞争力的大型国有企业，莫不如此。中国共产党在保障国计民生的艰难探索中，不断寻求适合我国经济发展和企业生存的道路，积累了大量宝贵的经验，也更加明确了党在国有企业中的领导地位。

2010年以后，中国已经成为世界第二大经济体，这艘世界瞩目的经济巨轮能够扬帆远航，国有企业功不可没。在新的历史时期，国有企业被赋予了新的使命。而新的使命，又呼唤我们要有新的作为。如何更大、更好地发挥党在国有企业发展中的推动作用，成为国有企业发展的核心问题。

习近平同志指出：“坚持党的领导、加强党的建设，是我国国有企业的光荣传统，是国有企业的‘根’和‘魂’，是我国国有企业的独特优势。”总书记特别强调，坚持党对国有企业的领导是重大政治原则，必须一以贯之；建立现代企业制度是国有企业改革的方向，也必须一以贯之。这两个“一以贯之”，是指导新时期国有企业党建工作的重要理论。

浙江省担保集团有限公司成立于2016年3月，是6家省属大型国有金融企业之一。根据中央和省委、省政府深化政府性融资担保体系改革的要求，集团下设若干专业子公司，协同管理并参股地市级（不含宁波）融资担保公司，推动设立县级分支机构、规范县级担保机构。目前，遍及全省80个县（市、区）的担保金融服务体系基本形成。在党的领导下，浙江省担保集团快速发展壮大，已成为省内信誉度高、业务范围广、服务人群多的担保集团。

融资担保是国民经济建设中极为重要的一环，它关系着国家的经济安全，维系着国民经济的命脉，是关乎国计民生的重要领域。2019年，浙江省担保集团党委正式成立。在集团党委的领导下，各党支部开展了富有特色的党建工作。

浙江省担保集团党委按照“把党员培养成业务骨干、把业务骨干发展成党员”的“双培”要求，积极鼓励青年员工和各岗位的业务骨干向党组织靠拢。在健全的组织机制的保障下，集团党员队伍逐年壮大，整体呈现出党员占比高、发展速度较快、学历技能层次高、平均年龄较小、先进典型多、荣誉层次高的显著特征。与此同时，集团党委强化党建与经营“双融”发展的理念，与省内10个地市的市级担保机构党组织达成了党建联建，推出了“1 + 10 + N”的工作机制，基本实现了省域政府性融资担保机构的党建联建全覆盖。

浙江省担保集团党委坚决贯彻落实省委“红色根脉强基工程”和“全企一体、双融共促”工程要求，明确党建引领导向，进一步推动集团所属党支部与各市级政府性融资担保机构达成党建联建，构建“四联四送”常态服务机制，为助推全省政府性融资担保机构体系改革提供了坚强的政治保障、组织保障。

党建联建，有效推进了全省政府性融资担保机构体系的发展，实现了党组织间的组织联建、发展共谋、人才共育和资源共享，以组织变革、机制创新和数字化改革为纽带，打破了层级限制、区划界限和行业壁垒，充分调动起各级基层党组织的积极性，保证了各级党组织协同发力，从而一步一步地塑造起党建引领行业整体智治的新格局。

党的二十大提出，要培育时代新风新貌，增强实现中华民族伟大复兴的精神力量。浙江省担保集团全面贯彻落实党的二十大和浙江省第十五次党代会精神，积极在全省政府性融资担保机构中弘扬“忠诚、担当、奋斗、创新、清正”新风尚，支持服务浙江省“两个先行”的大局，着力在全省国资国企和全国政府性融资担保行业中打造“浙里好担当”的品牌形象。

浙江省担保集团成立以来，坚守政府性融资担保核心主业，凝聚担保系统合力，聚焦普惠金融领域，不断提升服务质效，全力稳经济、促发展。2023年4月18日，中国金融机构金牌榜·金龙奖重磅揭晓，浙江省担保集团荣获“年度最佳普惠金融服务担保公司”荣誉称号，成为全国唯一一家获此殊荣的担保机构。

截至2023年末，集团政府性融资再担保业务余额（不含宁波）达1461.89亿元，业务规模居全国第二。代偿率为0.91%，远低于全国平均水平；拨备覆盖率达202%，具备较强的风险抵御能力。国家融资担保基金备案业务规模占全国份额的10.16%，稳居全国第二；全省备案业务规模（含宁波）首次超过江苏，跃居全国第一。

这是全体“浙担人”的荣耀，在未来的路上，我们需要百尺竿头更进一步，一如既往地坚持党的领导、加强党的建设、增强党组织的先锋模范作用。在习近平新时代中国特色社会主义思想的指引下，浙江省担保集团将深化集团改革和业务发展，发挥国有企业的担当精神，通过不断提升金融服务能力和创新服务能力，在新的赶考路上展现更大担当、做出更大贡献。

本书回顾了浙江省担保集团的党建工作从起步到逐渐发展成熟的历程，展现了集团将党建与事业有机融合的发展理念，汇聚了在党建引领下，浙江省政府性融资担保体系中一些极具行业特色的案例……书中的文字，客观翔实地记录了集团全体党员以及干部职工这些年的奋斗累积。更重要的是，在这些文字中，可以看到“浙担人”“善担善为”背后那股红色的力量。

本书也是新形势下加强国有企业党建工作的有益探索，希望通过总结浙江省担保集团尚在摸索中的党建理论和实践经验，与其他国企进行交流探讨。

浙江省担保集团党委书记、董事长　应朝晖

引言

担保、担保公司及政府性融资担保公司

我们对“担保”一词，好像很熟悉，又好像很陌生。用通俗的话来说，担保就是由第三方“打包票”，为某项合作能按双方预想达成结果提供保证。如果事情在推进过程中出现意外，则由担保人承担连带责任。

生活中涉及“担保”的话题很多，比如说：“我担保她今天肯定会来吃饭。”此话可能张口就来，别人也不当回事，因为这个“她”即使不来吃饭，后果也没那么严重，口头担保一下问题不大。但如果朋友需要向银行借100万元，请你做担保，一般人就不敢轻易接招。除非双方关系极好，又或者情势所迫，必须这样做。

可见，替他人提供担保，是一件责任重大的事。

企业章程规定，一般的事项决策，只需二分之一以上股东同意就可以通过了。但如果涉及“为他人提供担保”，往往要求三分之二以上甚至所有股东一致表决通过，足见兹事体大。

那么，什么是担保呢？

一般的解释是，担保就是被担保人在进行贷款或者其他重要合作时，如果发生了问题，被担保一方无法履行约定的义务，那么其责任须转由担保人承担。这是保证利益输出方权益的一种有效安排。

客户找银行贷款，如果贷款者不能按合同要求偿还贷款本息，银行将遭受损失，因此企业和个人融资都需要担保，这是国际通行的法则。

有实力的客户向银行贷款，可以提供房产或其他有价值的物品作为抵质押品，但不是人人都有这种条件的。这种情况下，专业的融资担保公司就出现了。

融资担保，就是由具有偿还能力的担保公司为借款人出具担保文件，约定当客户不能还款或不能按期还款时，担保方代替客户向银行还款。融资担保公

司替客户向银行承担了代偿责任后，可以再向客户追偿。

融资担保公司在银行和客户之间搭起了一座资金融通的桥梁，能有效、快捷解决客户的资金问题，因此也成为金融流通的重要环节之一。在担保业发展的初期，从事担保业务的往往是商业性担保公司。

商业性担保公司有自己的规则，并非任何个人和企业都可以找它们做担保。它们提供服务的前提是，客户要满足成长性好、盈利模式清晰、还款来源充足等条件。只有那些优质客户，担保公司才愿意为其提供服务。但事实上，很多小微企业根本无法满足上述条件，由于其存在规模小、资产轻、自身抗风险能力较弱等不利因素，商业性担保机构不太可能主动为其提供服务。

小微企业作为促进经济持续稳定增长的重要力量，数量多、分布广，却常常被排斥在银行和商业性担保公司的服务范围之外。于是，站在更高角度，着眼于民生和社会共同发展的政府性融资担保公司应运而生。

政府性融资担保，也称政策性融资担保，其本质上也是一种信用中介行为，只不过其主导力量从社会资本转换成了政府和国有资本。相应地，其服务对象也与商业性担保公司不同，主要是针对小微企业和“三农”主体等。政府性融资担保发挥着补充政府行政职能的作用，统筹协调信贷配给平衡，解决弱势市场主体的融资难、融资贵问题，成为社会主义金融体系中不可或缺的一环。

政府性融资担保机构的另一个重要作用，是通过市场手段，更加有效地运用财政补贴资金。在以往，政府财政补贴资金主要是通过直接拨付、转移支付等方式用于补助“三农”主体或其他一些符合政策的成长型企业，存在不规范、人为因素影响大、决策欠透明、流程复杂等弊端。政府性融资担保公司成立之后，针对这些符合条件的市场主体，政府不再简单地对其进行直接补贴，而是采用常规的融资模式，由政府性融资担保机构提供担保，帮助需求方向银行贷款。

政府性融资担保公司同样从专业角度，对资金需求方进行前期调查、跟踪监管。如果后续存在问题，也由担保公司负责偿还贷款。这样做的目的，是将政府和市场的职能进行有效划分，使经济发展更加符合市场规则，与国际接轨。

通过这种方式，原来杯水车薪的政府补贴，可能因此被放大数倍甚至数十倍，从而有效地帮助更多的弱势群体。同时，这种创新的金融方式，让财政资金也能发挥杠杆功能，变“输血”为“造血”。

可见，政府性融资担保机构作为我国金融体系中服务小微企业和“三农”主体的重要力量，秉持普惠金融发展的理念，坚守“准公共产品”的职能，在促进经济发展、支持民生改善等方面发挥了不可替代的作用。

随着市场经济的发展，小微企业已成为国民经济不可或缺的部分。特别是在浙江省，民营小微企业贡献巨大。正因如此，浙江省担保集团任重而道远——作为政府性融资担保机构的龙头企业，积极推动全省政府性融资担保机构的一体化建设，秉承“架融资通畅之桥，担普惠金融之责”的使命，书写政府性融资担保工作的新篇章。

在浙江高质量发展建设共同富裕示范区的新征程上，量大面广的小微企业、“三农”主体的健康发展是重要基础。打通这些市场主体融资的“最后一公里”，需要政府性融资担保机构发挥更大的作用，承担更多的责任。

目录

01

第一章
浙担模式
——浙江省担保集团的智治格局

企业发展离不开资金，资金是企业生产经营的前提条件。而中小企业规模有限，决定了其在发展过程中必然会有迫切的融资需求。

企业融资分为两种：内源融资和外源融资。内源融资又称再投资，即将本企业的留存收益和折旧转化为投资；外源融资，即吸收其他经济主体的资本，将其转化为企业的资本，比如，向银行贷款，向风险投资机构融资，向第三方借款，等等。

一般来说，小微企业竞争力低、资信状况欠佳、担保物少、财务管理不规范、信用观念不强，这些因素都导致外源融资比较困难。可以说，小微企业融资难、融资贵，是一个普遍性的社会问题。

从银行和担保公司角度来说，为小微企业提供融资或者担保，存在高风险、低收益的可能，由此造成了市场机制下的资金供给不足。然则，小微企业是市场经济的重要组成部分，是解决民生就业问题的主要力量。一家不起眼的企业倒闭，就可能造成几十个家庭的吃饭问题，一个负责任的政府，不能不管。

在这样的背景下，政府性融资担保公司应运而生。

第一节　政府性融资担保的发展现状

市场手段存在失灵的可能性，为小微企业在发展过程中的融资增添了很多不可预测的因素。要推动金融资源配置达到社会需求的最优效果，就需要政府进行适度引导和干预，以弥补市场调节的不足。

很多国家都在积极建设中小企业信用担保体系，将其作为政府扶持中小企业发展的手段和社会化服务的组成部分，我国也不例外。

1. 我国担保业的发展历程

简单梳理一下我国担保业的发展历程。

1992 年开始，我国确立了市场经济体制，资源配置方式由计划转向市场，银行逐步商业化。随着产业结构调整，国企改革、新兴业态和大量中小微企业兴起，催生了对信用担保的需求，中国担保业开始快速发展。

1993 年 11 月，国务院批准设立我国第一家专业担保机构，即中国经济技术投资担保公司。

1999 年 6 月，原国家经贸委下发《关于建立中小企业信用担保体系试点的指导意见》，标志着中小企业信用担保体系试点工作正式启动。

2003 年 1 月，国家中小企业主管部门建立了中小企业信用档案中心和数据库，为担保行业提供更好的外部发展环境。

2010 年 3 月，国家发布施行《融资性担保公司管理暂行办法》，该办法旨在加强对融资担保公司的监督管理，促进融资担保行业健康发展。

2013 年 1 月，经原中国银行业监督管理委员会和中华人民共和国民政部批准，中国融资担保业协会成立，行业体系趋于完善。

2015 年 8 月，国务院印发《关于促进融资担保行业加快发展的意见》，对主要为小微企业和“三农”服务的新型融资担保行业进行了全面系统的规划和顶层设计。在此基础上，各地纷纷成立省级政府性融资担保公司。

2016 年 5 月，经国务院批准，由财政部会同原农业部、原银监会组建的国家农业信贷担保联盟有限责任公司在京成立，标志着我国在建立健全全国政策性农业信贷担保体系方面迈出重要一步。

2017 年 8 月，国务院颁布《融资担保公司监督管理条例》，为行业发展提供了法制保障。条例旨在健全融资担保体系，推动融资担保行业转型升级，增强服务实体经济能力，防范化解金融风险。

2018 年 7 月，国家融资担保基金有限责任公司注册成立，标志着以政府性融资担保机构为主体的国家融资担保基金（以下简称“国家融担基金”）、省级再担保机构、辖区内融资担保机构三层组织体系基本构建完成。

2020 年 5 月，中国人民银行根据《2020 年政府工作报告》的要求，提出全面促进金融支持中小微企业，改进政府性融资担保机制，鼓励地方建立风险补偿“资金池”，加大货币政策创新力度，提高融资担保支持的针对性和精准度。

2021 年 4 月，面对疫情和百年变局交织的严峻形势，财政部、人力资源和社会保障部、中国人民银行联合发布《关于进一步加大创业担保贷款贴息力度全力支持重点群体创业就业的通知》，全面强化稳就业举措，更好发挥创业担保贷款贴息资金引导作用，加强资金保障，全力支持复工复产和创业就业。

2023 年 1 月，国务院印发《助力中小微企业稳增长调结构强能力若干措施》，提出加大对中小微企业的金融支持力度，用好支小再贷款、普惠小微贷款支持工具、科技创新再贷款等货币政策工具，持续引导金融机构增加对中小微企业信贷投放。

2. 为什么要发展政府性融资担保

商业性担保公司经过十余年发展，几经沉浮，大浪淘沙后已经所剩无几，存活下来的也是伤痕累累。这充分证明了市场化担保业务模式的收益与风险不匹配，存在不可持续性。市场化运营的结果只能是担保公司一点点失去代偿能力，直到资本金因代偿用尽，然后走上漫漫的讨债之路。

为什么商业性担保公司的风险高？我们来算一笔账。其一，担保公司通常收取 5% 以下的保费，承担的却是 100% 的风险；其二，需要提供担保的业务，都是银行觉得有风险的业务，事实上也是如此。一般情况下，即使是经银行评估的优质业务，不良率也超过 5%。而要求提供担保的业务，其不良率必然会超过银行评估的最低标准。所以，5% 的担保费是无法弥补其风险敞口的。

从市场角度看，由于小微企业缺少抵质押物、没有信用积累，资本市场趋利避害，银行和商业性担保公司对小微企业无疑是不友好的。

从政府的角度看，小微企业在国民经济中占有举足轻重的地位，既然市场化的配置无法解决小微企业的融资问题，那就需要政府这只看得见的手进行干预。政府的手段当然很多，比如税收优惠、租金减免、贴息贷款、专项补贴等，但效果均不理想。其主要原因是此类财政手段没有放大作用，杯水车薪，很难解决企业实际问题。而政府性融资担保就不一样了，它不仅可以帮助小微企业解决融资的困难，还能够让财政资金发挥“四两拨千斤”的作用。

从商业性担保到政府性融资担保，担保业的发展可以说有了极大的进步。市场化的银担合作，担保方能够保本已属不易，更谈不上盈利，这必然导致整个行业的萎缩。而政府性融资担保，前有保费补贴，后有代偿补偿，长期有资本金补充，依靠政府持续输血，担保机构的生存力之强不言而喻。

随着市场机制和政策不断完善，担保业已经不再是赚快钱的行业。不仅如此，政府性融资担保作为“准公共产品”，是政府施政的重要抓手，能有效推动社会经济的平衡发展。政府性融资担保公司，其定位也逐步转化为“政府的助手”。

通过政策性担保扶持小微企业，是功在当代、利在千秋之举。当然，由于各地财政状况参差不齐，担保机构的发展也有很大的不同。经济实力强的地区担保会发挥较大作用，引导金融活水更大规模地流向小微企业；经济规模小的地区，担保发挥财政资金的放大作用也相对有限。这是区域差异使然，需要全社会实现共同富裕，才能慢慢去差异化。

可以预见，未来的中国市场，纯市场性的担保企业将会渐渐退出，取而代之的是政府性融资担保机构，这是担保产业实现可持续发展的不二道路。

3.“支小支农”：政府性融资担保公司的责任与担当

中小企业是促进就业、改善民生、稳定社会、发展经济、推动创新的基础力量，是市场经济主体中数量最大、最具活力的企业群体。在一定程度上说，中小企业的发展状况，关系到中国经济社会结构调整与发展方式转变，关系到促进就业与社会稳定，关系到科技创新与转型升级。因此，中央提出要抓紧解决当前中小企业发展中的突出问题，包括以下几个方面：

其一，对国有和民营经济一视同仁，平等对待大中小企业，把工作重点放到为企业发展创造环境上来；

其二，要加大金融支持力度；

其三，强化货币信贷政策传导，缓解融资难、融资贵问题；

其四，要完善资本市场，拓宽中小企业直接融资渠道，更好满足融资需求；

其五，要提高财税政策支持精准度，做好税费减免、融资担保等工作；

其六，确保已出台政策落地见效。要加强产权和知识产权保护，保护中小企业创新研发成果。

上述问题的提出，说明中央已经意识到中小企业的营商环境和融资渠道急需改善。而解决这些问题，需要从国家层面进行顶层设计。

2015 年 8 月，国务院印发《关于促进融资担保行业加快发展的意见》，出台政策规范担保机构的行为，要求各级政府性融资担保机构把目光聚焦到小微企业和“三农”服务上，积极承担起行业主责。

事实上，担保业的诞生，就是为了解决弱势企业的融资难问题。“支小支农”这一定位本来就符合担保业的内在发展逻辑。只是在快速发展的过程中，有些急功近利的商业性担保公司迷失了方向，以至于乱象丛生，自讨苦吃。

我国的中小微企业有“五六七八九”特征，其作用不可小觑。

“五”，指中小微企业贡献了50%以上的税收。在美国、德国、日本等发达国家，中小企业贡献的税收占比大约是50%。而在我国的实践中，中小微企业贡献的税收占比已经达到50%以上。

“六”，指中小微企业贡献了60%以上的GDP。在我国海量的市场主体中，中小微企业和个体工商户贡献了全国60%以上的GDP。

“七”，指中小微企业贡献了70%以上的技术创新。改革开放40余年以来，各类中小微市场主体贡献了全国70%左右的专利发明权。

“八”，指中小微企业解决了80%以上的城镇劳动就业。

“九”，指中小微企业数量占各类市场主体的90%以上。

国家要求政府性融资担保机构“支小支农”，原因正在于此。《关于促进融资担保行业加快发展的意见》颁布后，从国家到地方都开始加大力度，搭建政府性融资担保体系，浙江省担保集团也在此后不久应运而生。

4. 浙江省担保集团的诞生

2016年3月，浙江省担保集团有限公司（以下简称“浙江省担保集团”）公司正式成立。

浙江省担保集团是由浙江省政府出资设立的国有企业，实收资本100亿元，总部位于杭州。集团主营融资性担保业务、再担保业务，是中国融资担保协会的副会长单位，国家融资担保基金首批8家合作机构之一。

根据中央和浙江省委、省政府深化政府性融资担保体系改革的要求，浙江省担保集团承担为小微企业、“三农”、相关国有企业和龙头骨干企业的融资担保业务。集团下设2家专业子公司，协同管理并参股地市级（不含宁波）融资担保公司，推动设立县级分支机构、规范县级担保机构。经过数年的发展，遍及全省80多个县（市、区）的担保金融服务体系基本形成。

按照“政策性定位、市场化运作、可持续经营”原则，集团积极创新融资担保业务的模式与机制，不断提升融资担保服务水平，牵头开展小微及“三农”担保业务，有效解决“小它”们融资难、融资贵的问题，全力服务浙江省委、省政府系列重大战略实施，助力浙江以高质量发展促进共同富裕示范区建设。

近年来，浙江省担保集团的经济效益显著提升，综合实力不断增强，逐步构建起以政府性融资担保为核心，以科创金融、区域金融等业务板块为支撑的金融服务体系，全力支持浙江经济社会高质量发展。

浙江省担保集团连年被省政府评为优秀金融机构，快速发展成为省内信誉度高、业务范围广、服务人群多的担保企业。这既得益于浙江省委、省政府的正确领导，也得益于集团决策层的智慧治理，更要归功于全体“浙担人”的人文情怀。

浙江省担保集团的诞生，可谓恰逢其时。

浙
ZHE

省担保集团有限公司
NG GUARANTEE GROUP CO., LTD.

第二节　浙江省担保集团的“画像”

让我们走进浙江省担保集团，了解这家国有企业的基本“画像”。

“画像”的时间截面，是担保集团即将步入七周年之际。下文是 2023 年 1 月 17 日发表在《浙江日报》第九版上的一篇通讯报道，题目为《浙江省担保集团：担保赋能促共富，助企纾困重担当》，作者署名为杨天骏、施翼。通读这篇文章，我们能对担保集团的全貌有所了解。

护航经济促发展，让市场主体预期更稳、信心更足、活力更强；助企纾困保民生，稳经济首要稳企业，稳企业首要是保证企业资金融通。

小微企业、“三农”再担保业务突破 1000 亿元大关，有效发挥财政资金“四两拨千斤”撬动作用，全年共带动增量贷款 1032 亿元，创造社会产值约 1826 亿元，创造税收约 55 亿元，稳定或新增就业岗位约 180 万个……在党的二十大召开之年，浙江省政府性融资担保系统交出一份亮眼的成绩单，以实际行动践行新时代国企的使命担当。

过去一年，浙江省担保集团认真贯彻党的二十大精神，落实省委、省政府决策部署和省财政厅、省地方金融监管局等部门的具体要求，带领全省政府性融资担保系统坚守支小支农初心，强化党建统领，突出创新驱动，推进各项业务发展，全面推进体系改革，朝着“全国一流的担保金融集团”的愿景砥砺奋进，高质高效服务浙江经济稳进提质和“两个先行”发展大局，以遍及全省的融资担保服务资源汇聚起磅礴的金融力量，源源不断地为广大小微企业和“三农”高质量发展增添新动能、注入新活力。

1. 支小支农显初心，业务发展提质效

岁月轮转，时序更替，始终不变的是我省政府性融资担保系统支小支农“担保为民”的初心。浙江省担保集团相关负责人表示，全省政府性融资担保系统坚持政策性定位，坚定不移做强做优做大政府性担保业务，始终牵挂着小

微企业和“三农”的冷暖愁盼。

到2022年底，全省政府性融资担保系统（不含宁波）小微企业和“三农”融资担保业务在保余额1121亿元，比上年初增加362亿元，增幅48%。向国家融资担保基金备案再担保业务规模1134亿元，占全国份额的比例超9.5%，名列全国第二位，为我省“干在实处、走在前列、展现经济大省担当”提供了坚实的金融支撑。

全省政府性融资担保系统紧密围绕各级党委、政府重大战略部署，加强服务创新和产品创新，引导更多金融资源精准服务重点领域和重点群体，增强小微企业、“三农”融资获得感。经迭代升级，全系统已推出创新创业、“三农”发展、绿色发展、先进制造、应急保障等五大“浙担”产品体系共170余个专项担保产品，为小微企业、“三农”提速竞跑注入强大的金融动能。

与此同时，浙江省担保集团创新开展中小微企业发债增信业务，成功试点“私募可转债＋担保”模式，探索了融资性担保参与区域性股权市场服务中小微企业的全新模式；推进民营中小企业技术产权资产证券化业务，探索一条解决中小微企业中长期直接融资难题的新路径。

2. 多措助企稳经济，精准纾困保民生

疫情无情，担保有情。去年，浙江省担保集团第一时间制定下发《关于政府性融资担保助力稳住经济大盘、促进经济稳进提质的实施意见》，推出九方面“真金白银”的举措，带动全省政府性融资担保机构帮助受疫情影响的市场主体纾困，为企业送上降低费率、延长期限、增加额度等优惠政策。到去年底，全系统已为交通运输、批发零售、住宿及餐饮等受疫情影响的3.5万户小微企业及个体工商户提供301亿元贷款担保。

同时，复杂严峻的国际环境对我省外贸小微企业造成较大影响，浙江省担保集团会同省有关部门在全国率先推出“浙担·汇率避险保”产品，全额免收担保费和再担保费，帮助外贸小微企业、个体工商户有效应对汇率波动风险。到去年底，全系统汇率避险业务累计服务1839户，锁定汇率金额超377亿元，服务覆盖全省。

不仅如此，全系统还深化银担合作，大力开展“总对总”批量担保业务，落实“双保”助力融资支持机制，实施“见贷即保”，为担保审批流程“做减法”，为提高企业融资效率“做加法”，增强了小微企业融资获得感。比如，

湖州市正策担保公司制定“一企一策”融资方案，实行线上审批流程，通过“双保”产品，在3个工作日内就能为企业提供信贷担保服务，深受企业好评。

3. 政策服务齐发力，担保织好共富网

担保为民，共建美好。全系统将支持浙江省高质量发展建设共同富裕示范区作为展现政府性融资担保使命担当的主阵地，在助力共同富裕的道路上昂首迈出新步伐。

浙江省担保集团构建起“1＋N”服务共同富裕示范区建设政策体系，带领全系统聚焦乡村全面振兴、山区26县和制造业高质量发展等重点领域，为农民出实招，为企业办实事，切实提升担保服务的可得性和便利度。

“当初，村里打算对珍珠电商产业进行规模化、产业化经营，但村集体经济流动资金比较紧张，部分资金还有缺口。后来，幸亏有了绍兴市融担公司的帮助，我们获得了100多万元的信用贷款。”诸暨市山下湖镇泌湖村王书记喜笑颜开地说，“如今村民人均年收入超3万元，做电商直播也更有干劲和信心了。”

无疑，以“珠乡保”为代表的特色担保产品“一站式”解决了当地珍珠产业链上下游企业、珠农、个体工商户、村集体经济的资金需求，为“珍珠之乡”驶入共富快速路注入了新动力。

兴一项产业，活一片经济，富一方百姓。产业振兴是乡村振兴的基础，服务乡村振兴，全省政府性融资担保系统一直争做优等生。各地担保机构因地制宜加大产品创新力度，助力县域产业发展，以产业带动共富，提升百姓幸福感、获得感。台州信保灵活运用“企惠保”“个惠保”“自主保”等产品，为橘农及柑橘合作社提供差异化担保，服务农村电子商务发展；金华融担先后推出“农户贷”“农批保”等特色专项产品，提升服务涉农主体的精准性和高效性；丽水融担推出“生猪贷”帮助当地生猪养殖户实现数字集约化规模经营；衢州融担依托“乡贤保”吸引新乡贤人士带资金、带项目、带人才、带团队回归乡村，打开乡贤聚力家乡发展之门；舟山融担推出“小岛你好”海岛共富

保，将优质金融担保资源覆盖舟山全岛，有效激发海岛发展内生动力。到去年底，全系统服务乡村振兴担保业务在保余额335亿元。

值得一提的是，聚焦山区26县基础设施建设和产业发展，浙江省担保集团积极为山区26县国有企业发债提供战略性增信服务。去年已为开化县产城融合提升、云和县智慧交通物流汽车服务综合体、常山县慢城文化旅游博览中心等项目提供专业金融服务，有力支持地方经济发展。到去年底，全系统服务山区26县担保业务在保余额233亿元。

科技是第一生产力，人才是第一资源，创新是第一动力。全系统通过专项基金、专项服务等形式，服务科技创新和人才强省首位战略及我省全球先进制造业基地建设，成效显著。

据介绍，浙江省担保集团发挥人才科创担保分公司作用，创设“人才科创保”“专精特新”担保产品，精准支持“专精特新”、科创“飞地”企业，助力农业“双强”行动。在杭州未来科技城、温州乐清市、衢州衢江区设立“政银担风险池基金”，助力制造业集群发展能级跃升。全系统服务人才科创企业担保业务在保余额超52亿元。

潮起之江，助力双创。全省各地涌现出杭州“杭科保”、温州“双保科创”、绍兴“越莘保”、金华“金科贷”、衢州“青年创业创新保”等一批具有辨识度的特色担保产品，助推新一轮“腾笼换鸟、凤凰涅槃”的生动场景在各地精彩上演。到去年底，全系统支持制造业融资担保业务在保余额542亿元，超额完成500亿元年度目标。

4. 体系改革再深化，凝心聚力谱新篇

“深化全省政府性融资担保机构体系改革是推动政府性融资担保行业高质量发展的战略举措。”浙江省担保集团相关负责人表示，体系改革近两年来，集团充分发挥引领作用，探索完善协同管理工作机制，持续提升全系统紧密度，广泛凝聚合力，服务发展大局。

股权投资成为全系统共发声、同用力的重要纽带。经努力争取，2020年以

来，在省财政厅、省地方金融监管局的大力支持下，浙江省担保集团累计获得国家融资担保基金股权投资4.4亿元，名列全国第一位，完成对8家市级担保机构共计8.3亿元的股权投资，形成了全系统从上到下的紧密股权联系，增强了资本实力和担保服务能力。在此基础上，集团加强协同管理，推动全系统机构名称、标识、治理体系“三统一”，不断提升发展凝聚力和品牌影响力。

从杭州市融资担保集团组建成立，到温州市融担公司完成市级担保机构整合；从各市级政府性融资担保机构纷纷在业务空白县设立分支机构，再到湖州市正策担保公司升格为市属一级企业……去年，各市县担保机构资源优化统筹工作捷报频传，市级政府性融资担保机构持续做大做强，覆盖全省10个设区市、80个县（市、区）的政府性融资担保服务网络正加快形成，融资担保业务逐步风生水起。

同时，按照全省数字化改革整体部署，浙江省担保集团加快打造管用实用的“数智浙担”平台，“全省一体化业务管理系统”迭代重构开发，“浙里担保”一期应用上线，持续提升整体智治能力。

全系统加强党建共建，建立“1＋2＋N”机制，浙江省担保集团与市县政府性融资担保机构、职能部门、银行金融机构进行共建联建，开展常态化“四联四送”工作，党建业务双融共促进一步深化，形成省市县联通、政银担协同的新格局，有力带动基层担保机构提升服务质效。

“百舸争流潮头立，奋楫扬帆勇争先。”新征程任重道远，新使命催人奋进，浙江省担保集团将认真贯彻落实党的二十大和中央、省委系列重要会议精神，带领全省政府性融资担保系统，秉承支小支农初心，倾力畅通融资之桥，赋能浙江经济高质量发展，全力服务浙江“两个先行”的生动实践，为铺展共富新图景、谱写中国式现代化浙江篇章贡献更多浙担力量！

文中有不少数据，最能说明问题。透过这篇文章，浙江省担保集团的职能、任务、作用、业绩跃然纸上，无须其他笔墨来点缀。

第三节　覆盖全省的政府性融资担保体系

前文中，提到了“政府性融资担保体系”。读者也许会问：这个体系和浙江省担保集团是什么关系呢？此处略做解答。

作为省级政府性融资担保企业，浙江省担保集团自然担负着“架融资通畅之桥，担普惠金融之责”的光荣使命。但小微企业和“三农”主体遍布全省各地，尽管省级公司能量大，但服务的范围终究是有限的。因此，需要整合全省各市县的政府性融资担保机构，形成一张覆盖全省的“支小支农”服务网络。

这张服务网络，就是浙江省“政府性融资担保体系”。它由省、市、县（区）三级政府性融资担保公司组成，其中，浙江省担保集团是龙头企业，起到政策定位、业务引导、资源整合等作用，带领整个体系良性运作。

在全省体系的构建历程中，担保集团充分利用股权投资与协同发展机制，将省公司的资金、资源、政策向下输送，经过一番努力，终于破茧成蝶。

1. 突破各自为政的现状

从国家层面的规划来看，省级担保公司的主要功能，一是向上积极对接国家融资担保基金，二是向下与县（市、区）级担保公司合作，建立三层担保体系，并进行业务共融与指导，最终实现省域范围内的担保体系全面优化。

浙江省担保集团成立之时，省内多数县（市、区）的政府性融资担保机构已经存续多年，形成了自己固有的营运模式。在历史的发展中，由于行业乱象频出，不少县（市、区）的担保机构代偿能力已经趋弱，信誉严重受损。一些“不愉快”的经历也给担保行业上下游伙伴留下了深刻的记忆，银行、企业、群众似乎也对担保机构“敬而远之”，轻易不敢触碰，全省政府性融资担保机构的发展处于低迷时期。

就在担保集团成立的2016年，浙江省经信委对省内的88家政府性融资担保公司的经营状况进行了系统摸底，发现这些公司基本存在三大问题：一是规模总体不大，二是整体效益不高，三是政策性定位不明确。

据统计，当时全省主要为“三农”服务的担保公司共有32家，平均注册资本为3201万元；服务于中小企业的担保公司共有56家，平均注册资本为1.27亿元。可见，各地政府性融资担保公司不仅数量少，资金规模也不大。

在资金积累方面，多数担保公司依赖逐年增资和业务补助等方式来提升担保能力，发展速度相当缓慢。如桐乡市诚信担保公司，成立初期只有1000万元资本金。经过10多年的积累，才逐步增资到1亿元。义乌市农信担保公司起步有1亿元资本金，算是同业中比较“阔”的了，数年后增资到10亿元，仅这个规模，就直接跃升为当年省内资本金最大的政府性融资担保公司。

浙江是一个中小微企业占比较大的省份，但现有的政府担保机构的规模与省情是很难匹配的，无法满足市场的实际需求。

这些担保公司的效益也很不理想。2016年的前10个月，34家政府性融资担保公司出现净亏损，亏损面为38.6%，农业担保公司亏损面更是高达40.6%。全省88家政府性融资担保公司总收入仅2.34亿元，其中资本金的利息收入占了0.89亿元，而净利润营收仅为0.71亿元，占总收益的30.3%。此外，全省至少有16家政府性融资担保公司代偿余额和存出保证金已经超过净资产的80%，其中8家甚至超过100%，这些公司基本处于歇业状态，无法开展新的业务。

当时各地政府性融资担保公司的定位也比较模糊，并没有完全围绕“政府性”这三字做文章。他们的经营方式和经营行为与普通的商业性担保公司并无太大区别。如此一来，其政策性担保服务功能自然就被削弱了。

原因是多方面的。其一，近60%的担保公司出资主体多元，各出资方均有自己的诉求，政府性定位只能退居其次；其二，“政府性”宣导不到位，多数公司对于主要服务方向规划甚少，甚至没有明确的服务重点和服务对象；其三，各地政府对这些“政府性”担保公司缺乏基本认知，这些公司有的为招商引资服务，有的为个别风险高的大企业提供贷款担保，还有的被定位为企业担保链上的风险服务机构……而服务小微企业和“三农”的主责，基本被忽略。

当然，并非所有的担保公司均是如此，做得好的也不在少数。比如，杭州的政府性融资担保公司，创新推出了扶持科技型小微企业的“政银保”模式，该模式实现投资与担保结合，服务高新区“孵化器”内企业，很有特色。桐乡、江山、象山、宁海等地的担保公司，也均能做到坚持服务小微企业，可圈可点。

但总体来说，全省政府性融资担保机构的服务还处在比较低的水平。

浙江省担保集团诞生时，行业现状就是如此。面对各地政府性融资担保机构小而弱的局面，担保集团必须提出切实有效的解决方案。令人欣喜的是，经过7年的努力，浙江大地上终于形成了一个惠及全省的政府性融资担保体系。

2. 股权投资与协同发展

实现全省业务体系优化，说易做难。首先需要扭转社会对担保的偏见，其次要壮大体系中每一个成员的实力，对县（市、区）级担保机构“输血”，让他们有“重出江湖”的资本。这一切，都涉及资金、政策等方面的顶层设计。

为了让各市县担保机构尽快回归“主业”，帮助小微企业和“三农”解决融资难题，浙江省担保集团结合国家政策、外省融资担保体系建设的成功经验和自身实际，决定从抓股权投资、协同发展入手，力求冲破这一关键性卡口。

2018年7月，国家融资担保基金成立，这是个很好的契机。在省担保集团的协调下，2020 年，台州、温州、嘉兴三地成功入选国家融资担保基金首批股权投资对象，获得了 2.2 亿元投资。这一年，全国仅 12 家地市级担保公司获得总计 7.7 亿元的投资，浙江的入选家数和投资额均为各省之最。

有了资金和政策的支持，台、温、嘉 3 家市级担保公司迅速腾飞，2021 的业务额较上年同期增长 95.77 亿元。

在省财政厅、省地方金融监管局的大力支持下，2020 年至 2022 年的 3 年时间里，浙江省担保集团累计获得国家融资担保基金股权投资 4.4 亿元，名列全国第一，同步实现了对 8 家市级担保机构的股权投资，投资额共计 8.3 亿元。

有了浙江省担保集团这个“带头大哥”的引领，各市级担保公司信心大增，踊跃“抢占地盘”，纷纷在业务空白的区县设立分支机构，一张“支小支农”的政府性融资担保服务网络在浙江大地上缓缓铺陈开来。

同时，市级担保公司也参照省公司的模式，开展区县级公司的股权投资。通过这种方式，浙江全省的担保系统形成了从上到下的紧密联系，政策定位和指向更加明确，各级担保机构的资本实力和服务能力明显增强。

汉代大儒贾谊在《治安策》中说：“如身使臂，如臂使指。”大意是治理国家要做到像身体支配手臂、手臂支配手指那样。今日的浙江省政府性融资担保体系，似乎也形成了这样的效果。毫不夸张地说，股权架构的优化，已经成为全省政府性融资担保体系共同发声、协同发展的重要纽带。

3. 深化全省担保体系业务统筹和改革

如果说股权投资是解决全省政府性融资担保体系成网的战略问题，那么，深化体系的业务统筹和改革则是解决全省担保体系一体化运作的战术问题。

深化全省担保体系业务统筹，首先要明确各级政府性融资担保机构的定位和服务对象。针对浙江经济结构现状，浙江省担保集团提出了“聚焦块状经济支撑，服务后发县市共同富裕”的理念，把全省政府性融资担保体系的服务重点聚焦在助力浙江山区 26 县加快发展、实现共同富裕上。

浙江省担保集团依据实际情况，制定对应策略，创新服务模式，推出新型担保产品。在破解山区、海岛企业和“三农”融资难的基础上，想方设法降低融资成本，稳住基层经济发展和就业民生的基本面。

担保体系改革深化的另一项重要任务是完善整个体系的服务工作机制。在这方面，浙江省担保集团推出了以下五方面的举措：

第一，建立产融信息对接机制。与银行金融机构、产业主管部门对接，梳理纳入政府性融资担保支持的制造业重点企业和项目清单。

第二，加大数字化赋能。加快推进“数智浙担”全省政府性融资担保综合信息管理平台建设，提高担保审批效率。积极创设线上化担保产品，提高担保服务便利度和可得性。

第三，强化专业人才队伍建设。各担保机构可根据实际设立制造业服务团队，培养一批熟悉区域经济特征和先进制造业产业特点的复合型人才队伍。

第四，健全内部考核机制。发挥绩效考核“指挥棒”作用，完善制造业担保贷款内部考核，建立担保业务尽职免责和“容错纠错”机制。

第五，强化风险防控机制建设。提升风险防范意识和防控能力，完善担保机构风险动态监测机制，稳妥推进担保不良资产清收处置。

推进体系业务统筹的前提是完善保障机制，让从业者有积极性。由于政府性融资担保业务具有天然高风险性，履职保障机制不健全和业务追责界定不明晰，是基层员工反映最为频繁的问题。2021 年 4 月份以来，集团相继制定出台《浙江省担保集团有限公司担保业务尽职免责工作实施细则》《国有企业融资增信担保业务实施细则和工作流程》《民营企业发债融资市场化增信担保业务实施细则和工作流程》，以规范操作流程和制定细则指南的方式，有效帮助全省担保机构从业人员消除了思想顾虑，促使他们大胆履职尽责，以更精准的容错保护，进一步营造企业为员工担当、员工为事业担当的浓厚氛围。

在深化全省政府性融资担保机构体系改革中，省担保集团强化党组织的模范先锋作用，发动红色引擎，引领全体系事业发展，成为实现目标的重要抓手。

为此，浙江省担保集团党委提出了“1 ＋ 2 ＋ N”的创新区域化党建联建模式，由集团 1 个党支部结对 2 家市级合作机构（担保和银行机构各一），联合开展党建活动，帮助担保机构解决经营发展中的 N 个问题。

在党建联建基础上，通过联学、联建、联办、联促的“四联”政策和送制度、送案例、送培训、送信息技术的“四送”服务，帮助各地解决人才培养、治理体系和保障机制完善、数字化转型、风控智能化提升等难题，极大提升基层担保机构“支小支农”、服务地方经济社会发展的能力和水平。

此外，浙江省担保集团落实常态化的季度经营分析会、业务通报等沟通机制，并以身作则，率先在服务小微企业和“三农”上创造经典案例，与地方担保机构紧密合作开展再担保业务，等等，这一切，都让整个体系进一步走上正轨。

浙江省担保集团成立以来，始终坚持聚焦地方发展所急、基层机构所需、从业人员所盼，深入开展为群众办实事、为企业解难题、为基层减负担专项实践活动，取得了明显成效。

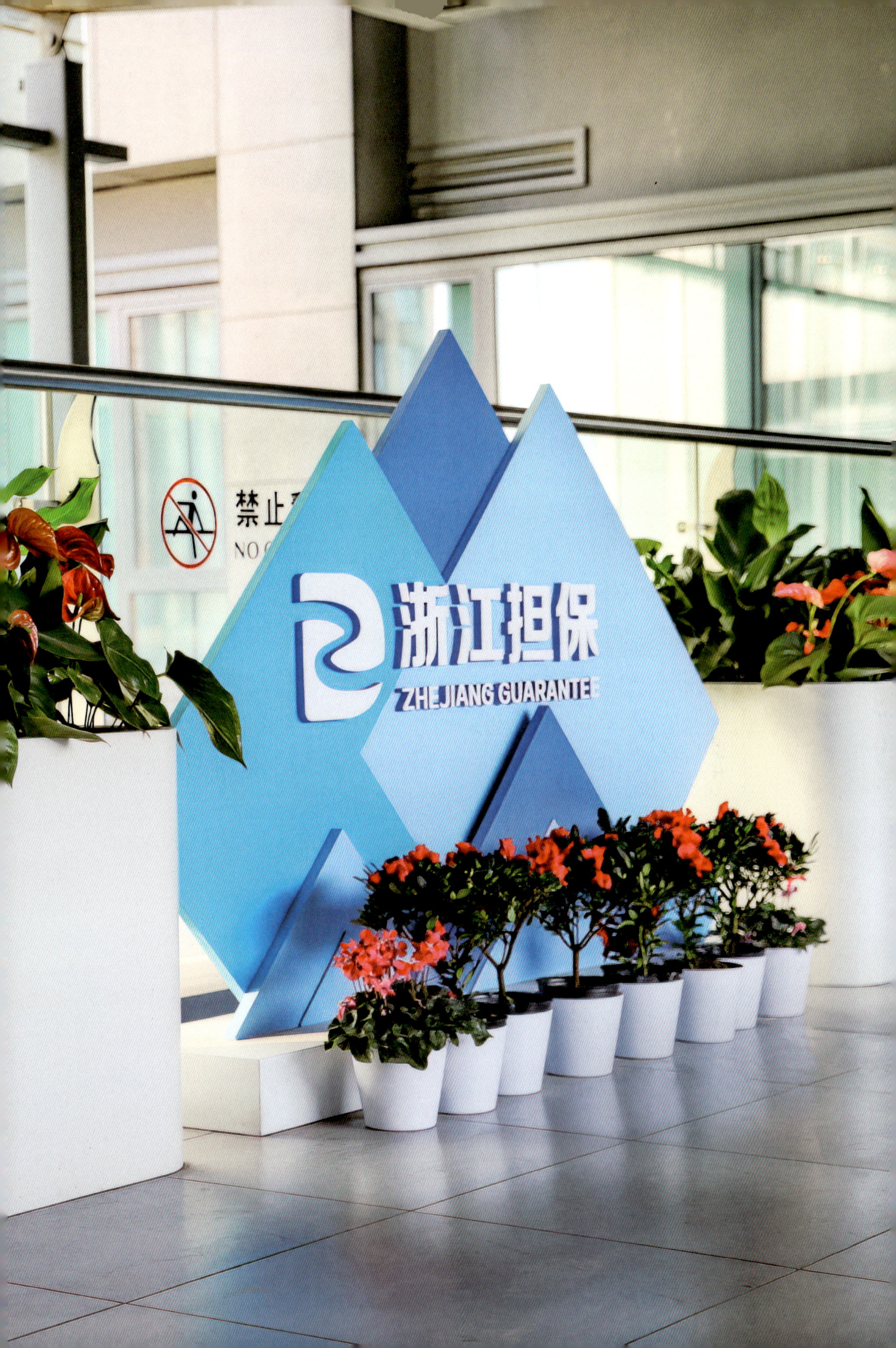
浙江担保
ZHEJIANG GUARANTEE

第四节 "4222"担保风险分担机制

诚如前文所说，为小微企业和"三农"提供贷款或担保，纯市场化的行为可能存在较大的代偿风险，银行和商业担保机构会选择"趋利避害"，由此导致了针对小微企业和"三农"主体的市场资本供给不足。

但从另一个角度来看，小微企业个体虽弱，累加起来却是泱泱海量。他们在经济增长、税收、吸纳就业乃至保持社会稳定方面具有举足轻重的影响力。因此，维持小微企业和"三农"主体的稳定，就具备了公共属性，作为承担公共服务职责的政府，必然要介入该领域，为其发展提供信用背书。

政府性融资担保就是政府为弱势方背书的一种工具。尽管如此，小微企业规模小、不规范的性质并没有发生变化，它们在经营发展过程中的风险依然存在。那么，政府性融资担保公司又是如何化解风险的呢？

1. 从"银担合作"到"政银担合作"

政府性融资担保公司的背后虽然是国有资本，但作为企业，同样有业绩增长、风险防控等要求。浙江省担保集团作为省级担保行业的龙头企业，更要出思路、想办法、保落实，承担起为各级政府性融资担保机构提供业务准则的责任。

浙江省担保集团在成立之初曾对各地担保机构做过一次调查，发现各地市县的政府性融资担保公司总体缺乏明确的风险补偿机制。

其中有历史的原因。早年间，由于缺乏经验，由国资部门投资管理的政府性融资担保公司，普遍按照一般国有企业的办法执行考核。即每年有盈利和资本保值增值要求，但忽略了担保业务的特殊性，没有对客户对象范围、担保费率、业务量做出具体规定，至于代偿风险机制就更不用说了。

在全省政府性融资担保体系建设的早期阶段，各市、县基本没有引入小微企业和"三农"贷款担保的风险补偿机制，除少数规模较大、实力较强的担保机构之外，大多数政府性融资担保公司甚至没有与银行建立风险分担机制。

即便是那些与银行明确了风险分担比例的担保公司，银行方的执行也很不规范。以某市担保公司为例，他们早在 2006 年就与合作银行建立了“二八”分担的风险机制，但银行方总是想方设法，将需要承担的 20% 风险，通过收取企业保证金、提高贷款利率等方式转嫁出去，小微企业的负担越发沉重，由此形成了恶性循环，担保业务的风险仍然很大。

此外，再担保功能未能良好运用也是担保行业风险分担机制缺失的重要因素。绍兴市本级中小企业再担保公司自 2012 年成立以来，从未开展业务；嘉兴市中小企业再担保公司仅为市本级 2 家政府性融资担保公司提供再担保业务；至 2016 年，全省仅 10 余家担保公司参与了集团的再担保体系。

市场化的“银担合作”模式是建立在商业逻辑基础上的，其能够实现有效运转的前提是被担保人有良好的偿债能力。但小微企业及“三农”主体的偿债能力恰恰是不稳定的，这就大大限制了“银担合作”的发展。

打通小微企业的融资通道，需要政府、银行和担保公司的紧密合作，也就是常说的“政银担合作”模式。这一模式的最大价值，就是风险分担。

政府的参与主要以政府性融资担保公司和担保基金的形式体现。政府作为主导经济发展和公共事务的组织者，将公信力和财力直接注入其中，为担保机构和银行带来了信心，此举本就是社会主义市场经济发展的应有之义。

如何更好地运用“政银担”风险分担机制？作为全省政府性融资担保机构体系中的龙头，省担保集团义不容辞，必须拿出令人信服的可行性方案。

2. 从“8 ：2”到“4 ：4 ：2”，再到“4 ：2 ：2 ：2”

省担保集团集思广益，借鉴了安徽、江苏、广东等地对于政银担模式的改革和实践成果，逐步建立并完善了适用于浙江的政银担风险分担机制。

首先是厘清担保公司和银行的责任。

浙江省担保集团以省级公司的政策优势与资本实力，先后与省内 20 余家银行总行、省级分行签订战略合作协议，建立了更加完善、更加合理的银担“八二”风险分担机制。以联合发文的形式，推动了银行分支机构落实对市县政府性融资担保机构的优惠政策，譬如风险分担、实行有限准入、减免保证金等，要求银行方实实在在地承担起义务。同时，基于政府性融资担保机构的资金规模巨大，本身就是银行的优质客户的实际情况，省担保集团出台新的银担合作激励机制，将投标银行的合作成果纳入了资本金竞争性存放的评分指标体系。

在此基础上，集团与银行联合推出了“浙担”系列品牌新产品。比如与农行联合创设了“浙担 · e 贷保—农行小微网贷”业务，拓宽了银行的业务通道，对银行业务的良性增长起到了很好的促进作用。

其次是积极拓展再担保业务。

所谓再担保，是指为担保人设立的担保。当担保人不能独立承担担保责任时，再担保人将按合同约定比例向债权人继续清偿剩余的债务，以保障债权的实现。双方按约承担相应责任，享有相应权利。

再担保是社会信用体系建设的一种制度设计，或者说是一种完善担保体系和防范金融风险的创新金融工具。它可以转移一部分担保机构承担的风险，这对于具有公益价值的政府性融资担保机构来说，具有重要意义。

在再担保业务上，浙江省担保集团建立了由省再担保公司、市县担保机构、银行构成的 4 ∶ 4 ∶ 2 风险分担模式。市县担保机构涉及小微企业和“三农”的担保业务，可由省级公司提供再担保服务，如果这些业务出现意外需要代偿，直接担保方仅需承担 40%，银行方承担 20%，剩下的 40% 由再担保公司负责偿还。

最后是加强与国家融资担保基金的合作。

国家融资担保基金的设立，是党中央、国务院为破解小微企业和“三农”融资难、融资贵问题，支持实体经济发展而做出的重大决策和战略部署。2018 年 9 月 26 日，国家融资担保基金正式成立，首期注册资本为 661 亿元人民币。

国家融资担保基金是准公共产品，按照“政策性导向、市场化运作、专业化管理”的运行模式，通过再担保分险、股权投资等方式，积极推进和支持政府性融资担保体系建设，以进一步发挥财政资金“四两拨千斤”的作用，引导更多金融资源流向小微企业、战略性新兴产业和“三农”等普惠领域，促进大众创业、万众创新，推动供给侧结构性改革和经济社会全面发展。

国家融资担保基金设立后，浙江省担保集团及时运用政策红利，将担保风险分担机制进一步优化为“4222”模式。即在代偿过程中，直接担保的市县机构承担 40% 的风险，国家融资担保基金承担 20%，省再担保公司承担 20%，银行承担 20%。这种模式，让各地担保机构能真正放开手脚，大胆开展业务。

3. 把鸡蛋放在多个篮子里

传统的商业担保机制，是把所有鸡蛋放在一个篮子里，这样一来，篮子倾翻后，鸡蛋全部被打碎的风险就很高。由于单个担保机构的担保力度和能力相对较弱，一旦发生风险，遭受损失后就会一蹶不振，甚至就此破产。

“4222”风险分担机制，可以说是浙江省担保集团为全省担保行业的发展，构建的一张安全、稳健的合作之网。在这种机制之下，鸡蛋不再被放在 1 个篮子里，而是分散放在 4 个篮子里。直接担保公司的风险从原来的 100% 变成了 40%，卸下包袱的担保公司，必然会更积极地将那些优质客户推荐给协议体系内的银行。对于那些没有加入体系的银行，亦会产生强大吸引力，从而进一步扩大体系的力量。

事实上，风险分担机制对银行来说并非都是“风险”，这种风险意识恰恰是促进银行提升业务水平的有效手段。因为要承担风险，其风险鉴别的能力就会提升，在客户的准入、筛选和风险防控方面也会更为主动。

当然，这种机制的最终受益方，归根到底还是小微企业和“三农”主体。一家担保公司的担保额度是有限的，随着省、市、县三级机构及风险分担机制的完善，小微企业和“三农”主体寻求融资担保的渠道越来越开阔，相应的担保总额也越来越大，最终享受到服务的小微企业群体必然也会越来越多。

第五节 “数智浙担”平台的价值

数字政府建设是当今大势所趋。中央全面深化改革委员会在第二十五次会议上明确提出：“健全科学规范的数字政府建设制度体系，依法依规促进数据高效共享和有序开发利用，统筹推进技术融合、业务融合、数据融合，提升跨层级、跨地域、跨系统、跨部门、跨业务的协同管理和服务水平。”

杭州，中国互联网之都，数字经济第一城。浙江省担保集团的总部，就坐落在这座美丽的城市。

作为浙江省政府性融资担保体系的领军者，“浙担人”早早认识到信息化、数字化对担保行业的意义和价值，在科技赋能和国企数字化改革上，一直走在全省乃至全国的前列。在数字时代的浪潮中，浙江省担保集团积极应对，推动政府性融资担保行业的数字化转型，借助“数智浙担”平台，开启了担保服务的新时代。这不仅是一场技术升级，更是服务效能和创新能力的全方位提升。

1.“数智浙担”：开启担保体系数字化改革新序章

经过多年发展，浙江省担保集团在破解小微企业融资难、融资贵，服务实体经济方面已经取得显著成果。然而，随着业务规模的不断扩大，传统的运营模式难以满足多元化需求，只有加快提升数字化管理水平，才能多、快、好、省地为更多的客户提供优质服务。

尤其在小微企业和“三农”主体广泛分布的背景下，数字化转型成为解决内外部瓶颈的有效途径。数字技术的引入，在重塑服务和审批流程，提高运营效率，实现业务规模扩大的同时，也满足了动态监管的需求。随着金融科技的发展，数字化转型成为行业共识，为担保行业提供了解决方案。

2021 年 12 月 28 日，浙江省担保集团召开数字化平台建设启动大会，对“数智浙担”平台项目进行了全面论证。

“数智浙担”平台规划了一体化业务管理体系、大数据风控体系和担保应用门户体系。一体化业务管理体系要建设新一代全省担保核心业务系统，它集成担保业务保前、保中、保后全流程的产品方案管理、流转审批管理、代偿追

偿管理等功能；大数据风控体系的关键是“星辰”智能风控系统，它以大数据为基础，将风控规则和模型植入政府性融资担保业务流程，快速有效地为担保机构和银行提供风险识别拦截服务；“浙江担保”应用门户体系是嵌入“浙里办”APP的业务应用，为政府性融资担保机构、企业客户、金融机构等各方提供便捷的交互服务和信息管理，是连接企业和金融机构的桥梁。

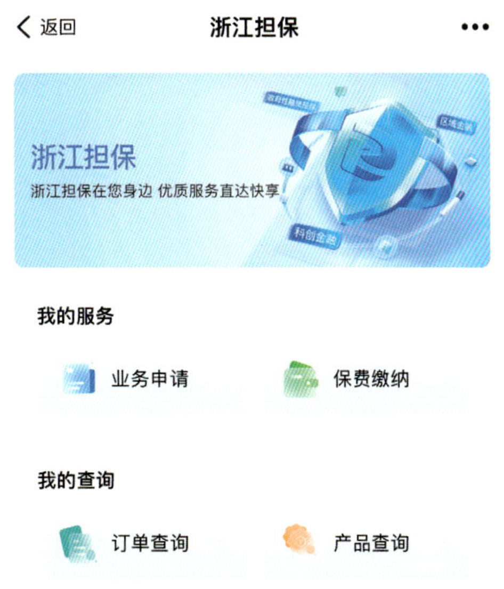

“数智浙担”不仅顺应了全国数字政府建设大势，更是贯彻中央关于健全数字政府制度的具体实践。通过推进数字化，担保集团为政府提供了高效共享和有序开发利用数据的途径，借助技术、业务、数据的跨层级协同管理和服务水平的提升，为构建数字政府贡献力量。

2. 数字驱动全省担保机构业务革新

2023 年，“数智浙担”应用体系迎来了夯实基础与全面赋能的关键时刻。

全省政府性担保机构业务蓬勃增长，但系统敏捷性、业务功能线性扩展、精细管理等方面的问题迫切需要解决。第一代核心业务系统的单体集中式架构已到达极限，而新一代核心业务系统“数智浙担”的构建，则成为全省政府性融资担保体系改革的时代拐点。

在这一关键时刻，浙江省担保集团全力以赴，推动“数智浙担”新一代核心业务系统成功上线。该系统不仅具备全新技术架构、全业务生命周期服务能力，实现了业务流程的全面再造，更为全省政府性融资担保机构提供了先进的担保业务数据归集、分析和应用等技术支撑。

截至 2023 年底，“数智浙担”新一代核心业务系统已成功应用于全省 10

浙江省担保集团
ZHEJIANG GUARANTEE GROUP
数智浙担智慧大屏
政府性担保
再担保业务
在保余额 1,418.98 亿元
同比增长 46%
在保户数 12.47 万户
同比增长 13%

94%
单户500万元以下占比
0.7%
100%
单户1000万元以下占比
平均担保费率

户数（户）
140000
112000
84000
56000
28000
0
3280
7184
12432
28736
46558
91644
118137
2016.12
2017.12
2018.12
2019.12
2020.12
2021.12
2022.12

2022年带动社会增量贷款 1032 亿元，创造社会产值约 1826 亿元，稳定或新增就业岗位约 180 万个，降低企业融资成本约 20.85 亿元。
国担基金通报全国排名（2023年10月）

业务备案规模 全国第二

单户500万元及以下业务规模 全国第二
银担合作
担保体系合作银行机构 45家
银担分险业务占比 100.00%
平均贷款利率 5.40%
支持三个“一号工程”特色产品
序号
特色产品
在保余额（亿元）
在保户数（户）
3
先进制造保
552.29
36159
4
文创保
35.79
3289
5
外贸保
90.18
4506

智能风控
全省政府性担保服务体系
杭州市
金华市
衢州市
台州市
丽水市
温州市
体系内政府性担保机构
衢州市
舟山市
机构注册资本共 318.22 亿元
全省月度晾晒"赛马"表
地区
在保余额（亿元）
年度目标（亿元）
嘉兴 203 170 119
台州 192 180 107
金华 138 125 111
湖州 66 55 120

家市级政府性融资担保机构以及多家县级机构，进一步推动了浙江省担保行业的数字化转型，为全省政府性融资担保机构的发展注入了强大的科技动力，为推动担保行业的数字化革新奠定了坚实基础。

3. 智能风控护航，助力经营决策提质增效

随着新一代核心业务系统上线，业务流程再造、自动化和智能化的业务管理辅助必不可少，集团也同步深化了大数据风控领域的建设，在完善大数据平台的同时，积极推进“星辰”智能风控系统的构建。

“星辰”智能风控系统整合了省大数据局的市场主体公共数据，并主动对接了工商、司法以及反欺诈系统等数据源。通过引入大数据审查和人工智能技术，实现风险的精准识别和及时应对。这一风控系统的应用，为全省政府性融资担保机构在推动业务创新、提升风险防控等方面提供了全面、科学的智能支撑。

“星辰”智能风控系统在推动担保业务创新、提升风险防控等方面取得了显著成效，成功协助全省政府性融资担保机构实现全流程风险控制，牢牢守住了高质量发展的生命线。

4. 构建担保生态，提升服务体验

在数字化时代的浪潮中，“浙江担保”移动应用应运而生，为担保机构、用户和银行提供了全新、便捷的担保服务聚合平台。

在“浙江担保”应用中，用户可以随时随地办理担保业务，实现申请信息的快速提交和缴费流程的便捷确认，该应用打破了传统担保服务的时空限制，随时随地为用户提供全方位服务支持。其便捷的操作界面和智能化的服务流程极大地提升了用户体验，使担保业务的办理更为高效、便利。

“浙江担保”应用的背后，聚焦的是银担双方传统业务数据交互模式流程长、环节多、时效性差等问题。集团打造“银担通”平台，对业务渠道进行数字化改造，通过与浙商银行、嘉兴银行、绍兴银行、省农商行等省内多家银行机构进行“总对总”接口直连，提升了数据交互及时性和准确性的同时，更为有效地提高了全省政府性融资担保机构的业务办理效率。

在核心业务系统建设和“银担通”平台建设的同时，担保业务数据与财务数据的交互通道也得以打通，实现了“业财”审批操作的线上化，通过银担息费同步、担保费签约代扣、自助查询缴费等方式，高效地实现了担保费缴纳功能。

这一系列措施的实施，为担保行业的数字化革新注入了新的活力，为全省小微企业融资搭建了一条“快速路”，也为浙江全省政府性融资担保机构提供了更加智能、高效的运营和管理支持。

第六节　尽职免责机制下的快速发展

政府性融资担保机构的本质是国有金融机构。

金融必然会涉及钱，推动这样的机构运行，从业者必须慎之又慎。作为国有企业，每一分钱都是国家的，任何损失都将损害国家利益。

政府性融资担保的主要任务是“支小支农”。服务对象的性质决定了它们的经营能力较弱，一不小心，担保公司就要承担代偿债务的风险，由此导致从业者个人被追责的后果，因此担保从业者常常会出现“多做多错，不如少做”的心理。但这又与政府设立担保机构，为实体经济服务的初衷相背离。

如何破解政府性融资担保机构“不愿担、不敢担”的问题，是行业的痛点之一。如何调动从业者积极性，让银行资金顺利流向小微企业和“三农”主体，同时又能有效平衡风险，成为担保行业的焦点。这就涉及“尽职免责”的制度安排。

这方面，浙江省又走在了全国前列。

1. 担保行业尽职免责，浙江先行

尽职免责，是现代企业文化中结合“尽职”“免责”两词含义所衍生提出的管理概念。尽职，指做好职责范围内应做的事。免责，指发生责任事件后，相关责任人应当承担法律责任，但由于法律的特别规定或其他特殊规则，可以部分或全部免除其法律责任，即不实际承担法律责任。

尽职免责制度，特指发生责任事件后，责任人应当承担法律责任，但由于相关责任人已在职责范围内做出并做好了应做的事，可部分或全部免除其法律责任。这种制度安排，既能促进业务发展，也能保护参与者工作的积极性。

为建立健全小微企业和“三农”融资担保业务尽职免责机制，推动政府性融资担保公司优化融资担保服务，2020 年 1 月，浙江省地方金融监管局、浙江省财政厅印发《浙江省政府性融资担保机构小微企业和“三农”融资担保业务尽职免责工作指引》（下文简称《指引》）。业内认为，该《指引》是由省级

地方金融监管部门发布的首个尽职免责指引文件，具有行业示范作用。

《指引》就小微企业和“三农”融资担保业务尽职免责的定义、适用对象和范围进行了解释，并就尽职免责的情形、问责要求、工作流程进行了明确。

《指引》共分五章。

第一章“总则”，共4条，明确了总体要求、尽职免责的定义、范围和对象。

第二章“尽职要求”，共2条，要求政府性融资担保公司应当建立健全业务管理制度，做到“尽职要求”有章可依。

第三章“免责情形与问责要求”，共4条，明确了政府性融资担保公司工作人员履职原则、公司负责人免责情况、业务工作人员免责的10种情形。同时，也明确规定了违法违规、弄虚作假等8种不得免责的情形。

浙江省地方金融监督管理局
浙　江　省　财　政　厅
文件

浙金管〔2019〕56号

关于印发《浙江省政府性融资担保机构小微企业和“三农”融资担保业务尽职免责工作指引》的通知

各市、县（市、区）地方金融工作部门、财政局：

现将《浙江省政府性融资担保机构小微企业和“三农”融资担保业务尽职免责工作指引》印发给你们，请遵照执行。

请各市、县（市、区）地方金融工作部门将本通知发至辖内政府性融资担保机构。

浙江省地方金融监督管理局　　浙江省财政厅

2019年12月26日

— 1 —

第四章“尽职免责工作流程”，共7条，明确了尽职免责调查认定工作小组职责及组成和成立程序、回避要求、调查评议流程、责任认定程序、评议结论确定及应用程序。

第五章“附则”，共4条，要求政府性融资担保公司根据《指引》和自身实际制定细则，明确了解释单位和有效期。

《指引》的出台，为健全小微企业和“三农”融资担保业务尽职免责机制做出了有益的尝试，建立了“愿担、敢担、会担”的长效机制。

2. 解读《指引》核心条例

《指引》重点在第三章，我们不妨详细解读：

第七条　政府性融资担保公司工作人员应秉承真实、审慎原则，不受任何

因素干扰，独立履行职责；对其近亲属等关系人申请的业务，应遵循回避原则。

第八条　政府性融资担保公司开展小微企业和“三农”融资担保（再担保）业务年度代偿率未超过5%的，在不违反有关法律法规和内部规章的前提下，该年度发生的代偿，原则上不追究公司负责人或相关部门管理人员的领导或管理责任。

第九条　政府性融资担保公司业务工作人员在不违反有关法律法规和内部规章的前提下，符合下列情形之一的，在责任认定中可免除全部或部分责任。

（一）在债务人缺乏抵质押物的情况下，政府性融资担保公司经决策同意债务人提供的反担保物不足值或降低债务人反担保要求的；

（二）自然灾害、国家重大政策调整等不可抗力因素导致政策性融资担保业务发生代偿，且相关工作人员在风险发生后及时揭示风险并采取风险化解措施的；

（三）由于动植物疫病导致政策性融资担保业务发生代偿，且具备县级以上植保、兽医等权威机构认定出具的证明材料的；

（四）债务人因遭受重大灾难导致政策性融资担保业务发生代偿，如火灾、重大交通事故、重病、意外死亡等，且具备证明材料的；

（五）担保贷款本金已还清或大部分还清、仅因少量欠款欠息造成政策性融资担保业务发生代偿，并已按有关管理制度积极采取追索措施的；

（六）对已经发生代偿的政策性融资担保业务，在规定期限内，经过积极追索收回了全部或大部分代偿金额的；

（七）因工作调整等移交的担保存量授信业务，移交前已暴露风险的，后续接管的工作人员在风险化解及业务管理过程中无违规失职行为；移交前未暴露风险的，后续接管的工作人员及时发现风险并采取有效风险化解措施的；

（八）参与集体决策的工作人员明确提出不同意见（有合法依据），经事实证明该意见正确，且该项决策与担保业务风险存在直接关系的；

（九）在档案或业务流程中有书面记录或有其他可采信的证据表明工作人

员对不符合当时有关法律法规和内部规章的业务曾明确提出反对意见，或对债务人风险有明确警示意见，但经上级决策后业务仍予办理且造成政策性融资担保业务代偿的；

（十）其他无充分证据证明工作人员未按照有关法律法规和内部规章实施规范化操作或未勤勉尽职的情形。

第十条　直接办理业务的工作人员存在以下失职或违规情节的，不得免责：

（一）有证据证明管理人员或经办人员违反了有关法律法规和内部规章，且造成政策性融资担保业务发生代偿的；

（二）有证据证明管理人员或经办人员弄虚作假、与银行工作人员或债务人内外勾结、故意隐瞒真实情况骗取担保授信的；

（三）在担保授信过程中向债务人索取或接受债务人经济利益的；

（四）发现债务人信贷资金用于国家产业政策禁止和限制的项目及其他违法违规项目，未及时采取必要措施致使发生代偿的；

（五）发现债务人发生重大变化和突发事件，未及时报告、进行实地调查和采取必要措施致使发生代偿的；

（六）政策性融资担保业务出现风险后，担保授信业务工作人员未与银行等金融机构授信业务工作人员有效沟通信息，共同制定和实施清收方案，而是相互推诿，延误清收时间，致使发生代偿的；

（七）发生代偿后，担保授信业务工作人员怠于追偿，以致损失扩大的；

（八）其他违反有关法律法规和内部规章的行为。

从上述文字不难看出，《指引》解除了政府性融资担保机构的“后顾之忧”，有利于行业从业者轻装上阵，在加快发展业务、创新担保产品的同时，更好地服务实体经济，助推政府性融资担保体系优化完善。

3. 用好机制，强化内部制度建设

为进一步用好尽职免责机制，浙江省担保集团强化了内部制度建设。

第一，直面问题，推动制度健全优化。督促体系内的担保机构优化现有制度，使得制度保护更加注重过程、注重实质、注重基层，根据机构自身特点及业务需要，出台更加细化、可实施性更强的操作细则。

第二，加强监管，推动制度切实落地。加强尽职免责制度的宣导，适时总结一些行业的优秀做法，对标找差，在业内予以交流和通报。同时开展政策执行情况的检查，强化正向激励和反向惩戒力度，建立规范的仲裁和申诉机制，为基层工作人员提供反映情况的渠道，严格落实尽职免责。

第三，创新和优化风险分摊方案，让参与各方权责利清晰，将潜在风险降低到最低的限度。

在《指引》的助力下，浙江省担保集团发展迅猛。截至 2023 年 6 月末，集团在保规模达 1533 亿元，其中政府性融资再担保业务余额达 1418 亿元；“先进制造保”业务余额达 552 亿元，服务乡村振兴担保余额达 422 亿元。在不断提升金融服务能力和创新能力、实现高质量可持续发展上，成效显著。

第七节 做好政府助手，架设共富桥梁

早在2022年初，浙江省担保集团就出台了“21项举措”助力高质量发展建设共同富裕示范区，还立下了“军令状”，明确到2025年末，集团将力争服务共同富裕融资担保业务余额超过1500亿元，服务户数超过15万户。

2023年是党的二十大后的开局之年，又适逢“八八战略”实施20周年，也是全省政府性融资担保体系改革持续深化、集团功能布局完善的关键之年。集团专门出台了《浙江省担保集团忠实践行“八八战略”强力推进创新深化改革攻坚开放提升实施方案》，提出了创新深化强产业、改革攻坚优服务、开放提升促发展三大行动。三大行动分别对应发展、改革、开放三个“一号工程”，在此基础上，又被细化为14项具体措施以及一系列创新产品。

“浙担人”已经明确未来前进的方向，以及必须实现的目标。做好政府助手，架设共富桥梁，浙江省担保集团义不容辞。

1. 创新深化强产业

在实施数字经济创新提质“一号发展工程”方面，浙江省担保集团提出了“精准服务数字经济强省建设”“大力支持数字经济与实体经济深度融合”“全力支持省域文化创新”“加快建强高能级数字经济服务平台”“持续提升科研研发投入”五项举措，继续利用数字经济创新提质，助力浙江打造高水平创新型省份。

为了更好地发挥全省政府性融资担保体系在打造高水平创新型省份中的职能作用，浙江省担保集团对各类市场主体进行了充分调研，借鉴了省外先进经验，精准推出了“数字产业保”和“人才科创保”两大创新产品。

“数字产业保”的最大优势，就在于“新”。它能够起到支持数字经济核心产业的作用，为与数字经济相关的中小企业提供综合性担保金融服务。而“人才科创保”产品，直接为“315”科技创新体系建设注入了能量。

“315”科技创新体系，是浙江省政府提出的一个紧密围绕“互联网+”、

生命健康、新材料三大领域展开服务的体系。由于政策的吸引，大量的云计算与未来网络、智能计算与人工智能、微电子与光电子等中小微企业汇聚于浙江。集团推出“人才科创保”，就是要为这些中小科技企业和人才提供从初创期、成长期一直到成熟期的全周期担保金融服务，助力他们的长远发展。

为了帮助省内制造业领域的中小微企业提升产能，实现数字化技术迭代和科技成果的有效转化，集团推出了“先进制造保”，专门服务于传统制造业转型升级，以及“专精特新”中小企业、“415X”先进制造业集群培育，从而为浙江省制造业朝着智能化、绿色化、高端化发展开辟出一条新的路径。

省担保集团的“文创保”，是一项服务于文化创意公司、数字文化重点产业和文旅融合重点项目的产品。这款产品在文化与教育、旅游、科技等跨界融合上下功夫，让省内文创产业链条上的中小微企业获得了实实在在的便利和优惠，为培育全省乃至全国范围内的文创领军企业添砖加瓦。

除了推出创新产品，浙江省担保集团还发挥自身平台优势和体系优势，深入探索资产证券化、集合债等债券增信模式，努力改善中小微企业的外部融资环境，进一步为中小微制造业企业的融资提供了解决方案。

与此同时，浙江省担保集团进一步加大对地方国企发债增信的支持力度，助力县域产业平台的带动能力、基础设施支撑能力以及公用服务保障能力的提升。这三大能力的提升，对于区域实体经济的发展，具有重大且积极的影响。

而在全省数字化改革的浪潮里，浙江省担保集团任重而道远，自觉地找到最合适的位置。诸如进一步完善了“政银担风险池”等模式，带动全省政府性融资担保系统深度参与“雄鹰行动”、“凤凰行动”、农业“双强”行动，从而推动了省内数字产业平台和集群建设向更高的平台和层次迈进。

在打造高水平创新型省份的大趋势下，浙江省担保集团一如既往地重视科技研发，提升自身的科技化、数字化水平，保持集团的优势。

2. 改革攻坚优服务

在“创新深化强产业”的基础上，浙江省担保集团聚焦营商环境的优化提升，围绕“改革攻坚优服务”开展了一系列行动。

集团从“提升服务效率”“助推‘扩中提低’工程”“深化全省政府性融资担保机构体系改革”“完善中国特色国企现代公司治理”四个方向入手，深化企业改革，努力实现营商环境优化提升“一号改革工程”的总体目标。

浙江省担保集团以担保服务提升“小切口”，助力全省金融基础设施的建设和完善，推广了批量担保业务，并联合银行等金融机构为企业提供“一站式”快捷、便利的担保服务。其中最重要的，便是集团将持续优化升级见贷即保、“无感担保”服务，避免担保机构重复尽调，大幅精简审批流程。

改革之后，担保手续最快当天即可办理完成，为出现资金周转等困难的中小微企业和“三农”主体快速提供帮助。

为扎实助推“扩中提低”工程，浙江省担保集团推出了“共富・扩中保”专项担保产品，在省财政厅组织实施的财金助力“扩中”家庭项目中发挥了积极作用，为壮大省内中等收入群体贡献了成功的实践经验。

在深化全省政府性融资担保机构体系改革方面，集团已经完成对 10 家市级担保机构的股权投资全覆盖，未来将进一步完善县级市、区、县股权和业务联系纽带，推进机构名称、标识、治理体系“三统一”。

同时，集团推动地方政府优化市县担保机构的归口管理，合理提升市级机构管理层级，完善资本金补充、保费补贴和风险补偿“三机制”。通过“三统一”和“三机制”下的各项措施，各地市担保机构与省担保集团的联系和合作变得更加紧密，全省政府性融资担保机构的凝聚力得到进一步增强。

浙江省担保集团将继续健全各治理主体各司其职、各负其责、协调运转、有效制衡的公司治理机制，为全省政府性融资担保机构的机制改革、优化服务提供更多有益的探索，在完善国有企业制度和现代公司治理方面做出努力。

3. 开放提升促发展

深化改革与发展，“开放”是一个重要的手段。对于浙江经济的发展模式，专家们形象地用“地瓜经济”一词来描述浙江经济的特点和属性。地瓜在生长的过程中，藤蔓会向四面八方延伸，哪里的土壤适合生长，藤蔓上就会长出新地瓜，而新结的地瓜又会长出新的藤蔓。

“地瓜经济”的内涵，是说勤劳睿智的浙江人，走到哪里都能落地生根、开花结果。浙江的企业如同地瓜，藤蔓延伸到全国乃至全球，在当地生根发芽，茁壮成长。而这些企业的收获，又能反哺浙江本省。

当本省的企业在浙江之外发展浙江，政府的服务也要随之跟进。“开放提升促发展”的核心任务，就是从立足本土，向“产”行天下和“智”行天下迈进。这样的一种经济结构，就需要浙江省担保集团立足浙江，放眼全国、全球。

为此，省担保集团推出了“精准服务‘地瓜经济’提能升级”“全力支持中小微外贸企业高质量发展”“推动汇率避险专项服务再深化”“积极构建金融服务生态圈”“坚持开放合作共同发展”等五大部署。

浙江省担保集团专门推出了“在外浙商保”和“外贸保”两个专项产品。“在外浙商保”是专门为在异地经营的浙江籍商人提供的一款优质融资担保产品，让身在异乡的浙商既能解决融资问题，又能感受到来自家乡的温暖；而“外贸保”则偏重于对中小微外贸企业的培育，对推动全省扩大外贸规模、优化外贸结构、提升外贸质量有重大现实意义。

针对外贸企业，担保集团优化迭代“汇率避险保”专项产品，并深入实施汇率避险三年行动，在 2023 年将汇率避险担保比例从 5%提高到 8%。

此外，浙江省担保集团通过深化与国家融担基金、省有关部门、各级地方政府、行业协会、银行、券商、中介服务机构的沟通合作，扩大朋友圈，画好同心圆，为市场主体提供更加多元的综合金融服务，打造高质量的金融服务生态圈。

在立足服务小微企业和“三农”主体的基础上，“浙担人”以更加开放的心态“走出去”，向外谋求合作与共同发展，主动参照国际和国内的先进担保机构的经验，正视差距、取长补短，总结吸纳适合本省的理论和实践经验。同时，从邻近的地域开始探索新的发展机遇，强化与长三角地区担保机构的协作力度，提升全省担保产业链的区域协作水平，力求在全国担保行业中保持领先位置。

开放提升促发展，浙江省担保集团必将融资畅通的桥梁架到更远，将越来越多的担保产品输送到更广阔的地方，让更多的浙江商企从中受益。

自省担保集团成立以来，全体“浙担人”恪尽职守、奋发作为，在各自的岗位上创造了不平凡的业绩。集团上下聚焦“支小支农”主业，发挥战略性融资增信的作用，支持县域经济健康发展，以真招实策为小微企业和“三农”排

忧解难，提供精准服务。集团各项业务核心指标，均位居全国前列。

风雨浙担路，有苦也有甜。在发展壮大的历程里，“浙担人”始终扛住肩上的担子，用拼搏和实干，在创业道路上留下一个又一个清晰的脚印。

“浙担人”相信，只有集合更多的力量，做出更好的产品，才能为小微企业和“三农”提供高质量的融资担保服务。而每一次看见那些个体户、小业主、农户脸上绽放出的笑容，都令“浙担人”感到无比欣慰和满足。

02

第二章
润物无声
——浙江省担保集团党建和企业治理的融合

准确地说，浙江省担保集团是浙江省政府投资的大型政府性融资担保企业。换而言之，它就是一家典型的国有企业，因此，从诞生开始，省担保集团就被赋予了与众不同的责任和使命。

在建设社会主义现代化国家的过程中，国有企业的健康发展直接关系到公有制主体地位的巩固，也关系到党的执政地位和执政能力。正因如此，习近平总书记反复强调：坚持党对国有企业的领导是重大政治原则，必须一以贯之；建立现代企业制度是国有企业改革的方向，也必须一以贯之。落实两个“一以贯之”，是保证国有企业稳步发展的基石和核心理念。

在新的历史时期，如何更好地发挥党在国企发展中的作用，成为企业党建的核心问题。作为企业，赚钱、营利是硬道理；而党建，可能会更多地涉及意识形态、政治方向、共同富裕、公共服务等方面的思考。二者如何做到有机统一？这是专家学者们一直关注并为之费尽心力的课题。

而这个问题，在浙江省担保集团的发展中，已有了清晰的答案。

第一节 国企党委：把方向、管大局、保落实

中国特色的现代国有企业制度，就是把党的领导融入公司治理各环节，把企业党组织内嵌到公司治理结构之中，明确和落实党组织在公司法人治理结构中的地位，做到组织落实、干部到位、职责明确、监督严格。

在国有企业中，党委负责“把方向、管大局、保落实”，董事会负责“定战略、做决策、防风险”，经理层则负责“谋经营、抓落实、强管理”。其中，党委的九字方针，是国企将党组织融入公司治理的核心原则。

然则，党委“把方向、管大局、保落实”是一个较为抽象的描述，每家国企都需要结合实际进行具体分析、合理安排，不能照搬照抄其他企业的模式。在解读浙江省担保集团党建和企业治理融合的特色之前，我们不妨先从宏观上分析“把方向、管大局、保落实”的内在意义。

1. 什么是“把方向”

党委“把方向”这个基本定位，在《十九大党章修正案学习问答》中是这样解释的：“自觉在思想上、政治上、行动上同党中央保持一致，坚决贯彻党的理论和路线方针政策，确保国有企业坚持改革发展的正确方向。”

国企党委的“把方向”职责，可以细化为三项内容：

第一，要把握思想方向。党委要在思想上引领全体员工的政治方向，要坚决和党中央保持一致。涉及具体工作，要形成强大的思想统一力量、宣传号召力量，通过各种努力，把握整个国有企业的思想导向。

第二，要把握政策方向。国企党委要把坚决贯彻落实党的理论和路线方针政策作为核心任务，包括党中央提出的，全党全国都要坚决贯彻执行的政策方针，相关部委和国资监管机构对于国资国企改革、创新、发展、监管、党建等制定的政策，以及本企业集团和上级党委根据相关要求制定的政策和规范。国企党委的职责，就是把这些不断细化的政策和规范贯彻好、落实好。

第三，要把握行动方向。国企党委在思想引领、政策贯彻的同时，也需要把握企业的行动方向。这里的“行动方向”，并不是要负责日常经营性活动，而是要在整体上保障国企在一个符合政策要求、行业规律、自身条件的轨道里运行。只有行动方向正确，才能促进国企健康可持续发展。

整体来看，“把方向”包括把控思想方向、政策方向、行动方向三个由上至下的层次。国企党委通过“把方向”给国企发展成长框定了一个边界，这个边界包括了“上线”“底线”“边线”。

2. 什么是“管大局”

管大局，要求国企党委管的是“大局”，而不是“小局”。在具体实践上，就是要谋全局、议大事、抓重点，推进实现企业高质量发展。

国有企业中，“大局”和“小局”的边界常常会模糊、混淆，所以，要把“管大局”功能落实到位，就先要对“什么是本企业的大局”这个概念进行界定，这也是党委开展工作的前提。

国有企业根据行业布局，有重要的战略责任、经济责任和社会责任，这些当然是“大局”。在此之上，党委还需要管四方面的“大局”：

数据驱动　智绘未来

第一，国企的“五力责任”。“五力”即竞争力、创新力、控制力、影响力、抗风险能力。如果企业所思考和讨论的议题和这“五力”中的一个或者多个直接相关，那么就是国有企业的核心责任，就应该属于“大局”的内容，涉及的相关议题，都需要列入国企党委进行深入研究的范围。

第二，企业的长远利益。即关系到未来5—10年的发展方向和结果的，或是关系到长周期投入产出的，再或是关系到企业生存发展基础的，都是企业的长远利益。每家企业都有眼前利益、短期利益、长远利益。相比较而言，长远利益是大局，需要得到国企党委高度关注。但有时，长远利益和短期利益、眼前利益会产生冲突，所以，党委要有高屋建瓴的视野，随时予以关注和重视。

第三，企业的全局利益。有时候，企业的局部利益和整体利益之间会发生冲突，比如，一家企业集团由多级子公司构成，每家下属企业都有自己的利益诉求，但是集团需要实现整体利益最大化，因而必须对内部个体单位有清晰的战略定位。在这个定位下，有的局部利益需要做出牺牲，让位于整体和全局。这时候，党委要考虑“全局利益”这个“大局”，管控好“局部利益”这个“小局”。

第四，企业的主要矛盾。“管大局”就是“管主要矛盾”和“矛盾的主要方面”。一个组织、一家企业在特定时间内，面临的主要矛盾是不同的，是发展变化的，国有企业也不例外。有些企业的主要矛盾是市场受限，有些企业的主要矛盾是缺乏创新，还有一些企业的主要矛盾是组织僵化……国企党委需要抓住主要矛盾或矛盾的主要方面，积极寻求解决方案。

在当前的形势下，国企党组织“管大局”，更应主动站在“四个全面”“两个一百年”奋斗目标等党和国家的大局中谋划工作。通过抓主要矛盾、矛盾的主要方面，把握好发展方向和重点工作，有效解决企业发展过程中的重点难点问题。

3. 什么是“保落实”

国企党委的另一核心功能是“保落实”，其关键字就是“保”。

从字面上说，“保”有养、育、安等意思，其本义，是通过第三方或某一种外力，协助执行者更好地完成既定的行动。

“保落实”，就是国企党委有义务推动和帮助企业经理层将经营管理任务落实好、完成好。这里的责任划分是非常清楚的。经理层是落实国企经营责任的直接承担者，而国企党委是“保进者”，起督促推动作用。

那么，国企党委到底应该在哪些方面“保”，才能更好地行使这项职责，并推动企业目标达成呢？我们梳理了一下，大致有五个方面。

一是保发展条件。经理层要完成经营任务，内外部条件必须完善。有些条件可能需要上级支持、政策协助、环境营造，这时候，国企党委的工作，就是主动帮助落实和完善这些必要条件，从而使经理层更好地完成工作。

二是保资源准备。这是针对企业内部，国企党委要通过自身的独特组织优势，联通上级党委、下级党支部、兄弟企业党组织，帮助企业动员和利用更有利于发展的财务资源、业务资源和人力资源，为经理层保驾护航。

三是保计划落实。国企党委需要督促、监督各项经营管理计划的顺利落实落地，通过组织统筹，推进各项重要决策事项的实施。

四是保考核评价。通过党组织推动，落实董事会业绩考核、干部考核等多种方式，给国企各级领导、经理层岗位明确经营管理的方向和目标，评估其工作成果，通过对人的管理，来实现企业发展的活力。

五是保企业文化建设。在企业内部营造正能量的文化氛围，对各级经营管理起催化剂作用，进而激发动能、释放潜能，推动整体目标的实现。

从另一个角度说，保落实就是党组织通过抓关键少数、抓重点突破、抓班子带队伍、抓监督促落实，确保目标任务和决策部署落地、见效。

国有企业党委是企业的主心骨，“把方向”是从治理目标展开，“管大局”是从治理重点考虑，“保落实”是从治理方式细化。通过“把”“管”“保”，为国有企业的高质量发展提供有力保证，从而实现“权责法定、权责透明、协调运转、有效制衡”的目标，切实提升国有企业的治理效能。

第二节　加强党的领导，把好集团发展方向

融资担保是国家经济建设中极为重要的一环，关乎国计民生。坚持党对国有担保企业的领导，确保国企正确的发展方向，是基本原则。

根据《中国共产党国有企业基层组织工作条例（试行）》要求，国有企业应当将党建工作要求写入公司章程，写明党组织的职责权限、机构设置、运行机制、基础保障等重要事项，明确党组织研究讨论是董事会、经理层决策重大问题的前置程序，落实党组织在公司治理结构中的法定地位。

浙江省担保集团自成立开始，就重视党组织领导与企业治理的融合发展。集团党委致力于履行职能、积极担当，把握企业的发展方向，董事会和执行层在党委的领导下，坚守政府性融资担保核心主业，聚焦普惠金融领域，不断提升服务质效，同心同力服务浙江经济稳进提质和“两个先行”发展大局。

1. 党组织集体研究重大事项的工作要求

2010 年 7 月 15 日，中共中央办公厅、国务院办公厅印发了《关于进一步推进国有企业贯彻落实“三重一大”决策制度的意见》，提出在国有企业的经营决策中，凡属重大决策、重要人事任免、重大项目安排和大额度资金运作（简称“三重一大”）事项，必须由党组织领导班子集体做出决定。

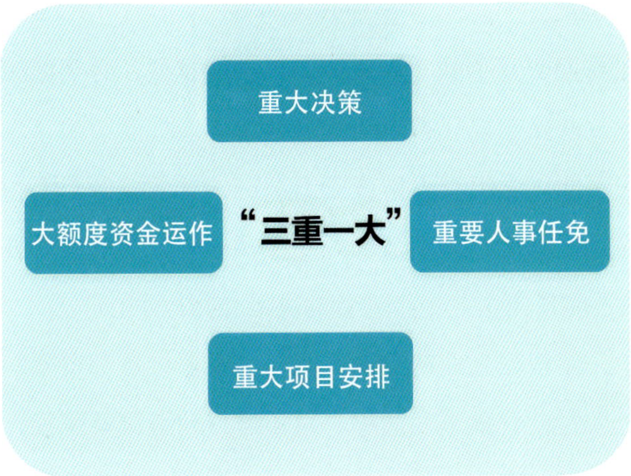

重大决策
大额度资金运作
“三重一大”
重要人事任免
重大项目安排

“三重一大”决策制度是国有企业运行的基本议事规则，它有效发挥了国有企业党组织的领导作用，促进了国企领导人员廉洁从业，规范决策行为，提高决策水平，防范决策

风险，保证国有企业的科学发展和良性营运。

这一制度的核心内容，就是党组织前置参与企业重大事项决策。

党组织前置议事研究讨论重大事项，主要是把握好政治方向、改革方向和发展方向，使党的理论、路线、方针和政策在国有企业得到贯彻落实。坚持议大事、抓重点，发挥党“总揽全局、协调各方”的领导作用。调动党员干部群众的积极性，完成企业中心工作，保证企业重大决策事项落地落实。

党组织前置议事制度，是为了推动落实党的领导与国有企业法人治理结构有机融合。在决策过程中，党组织要尊重其他治理主体，既要保障党组织的意图在企业重大问题决策中得到体现，又要维护董事会对企业重大问题的决策权。

经过多年实践，国企党组织、董事会、总经理办公会的议事规则已经形成了一种成熟的模式，成为党组织前置议事工作的基本流程：一是党组织按要求进行前置研究讨论，但不做最终决策；二是党组织前置研究讨论后，提交董事会、监事会、经理层依法履行职责；三是党组织前置研究讨论时明确不同意的重大事项，不再提交董事会、经理层决策；四是根据董事会、监事会、经理层审议意见需做出重大调整修改的，再次提交董事会、经理层决策的重大事项，应当再次提交党组织前置研究讨论。

需要明确的是，党组织在前置研究中既不能缺位，也不能越位，必须把握“五个不能”，即：不能以党政联席会议代替党组织会议；不能把党组织“参与决策”变成“陪衬决策”；不能以党组织书记或党组织班子其他成员个人参与决策代替党组织集体研究讨论；不能以个别征求意见、领导圈阅等形式代替党组织集体讨论决定；党组织不能作为企业生产经营的决策和指挥中心。

在党组织前置议事制度中，要根据企业的主业、规模、行业特点等实际，制定本企业党组织前置研究重大经营管理事项清单，每年进行动态调整完善。上级党组织要根据所属国有资本控股企业的股权结构、经营管理水平、党建工作基础情况等，指导其制定前置研究重大经营管理事项清单。

党组织前置研究通过的重大事项，与公司股东会、董事会作为公司决策机关参与公司治理并不矛盾。事实上，前置研究通过的事情，在股东大会和董事会上并不一定要通过。而一般的经营事项，也无须提交党组织讨论。

2. 集团党委前置研究重大事项的工作机制

浙江省担保集团将党委前置研究“三重一大”事项确定为科学决策的基本模式，围绕重大决策、重要人事任免、重大项目安排、大额度资金运作等事项，制定党委前置研究讨论的事项清单，作为董事会、经理层决策重大问题的前置程序。

集团的党委前置讨论程序是严谨而科学的。比如，在正式决议会之前，组织各层级领导班子成员充分酝酿议题，特别是党委书记和企业行政主要负责人要保持充分沟通，尽可能在会议前达成大方向上的共识。又比如，为了避免出现因时间、信息不对称等导致决策不够深入的问题，要求各负责人提前拟定决策事项计划，并提交党委班子成员。所有的流程都本着实事求是的精神和求真务实的态度，进行了细致的准备和前期探讨。

集团党委前置讨论的“三重一大”事项，是根据集团的性质和主要任务确定的。涉及“重大决策事项”的，包括企业发展战略、资产及产权管理、组织机构设置、党的建设等；涉及“重要人事任免事项”的，主要是指中层以上岗位的任免安排，以及生产经营中预设的各类奖惩制度的出台及执行；涉及“重大项目安排事项”的，包括企业资产规模和经营范围、企业固定资产、股权，融资担保年度计划、担保产品设计等；涉及“大额度资金运作”的，涵盖预算外资金、金融投资平台等大额度资金运作，对社会和个人的拨款捐赠、委托贷款、投资理财和债券等事项。上述事项，必须由党委前置讨论决策。

在此基础上，集团党委运用筛选关键事件的方法，梳理出企业过去 3 年的

决策事项，以及未来 3 年的发展方向，结合《中央组织部、国务院国资委党委关于中央企业党委在现代企业制度下充分发挥政治核心作用的意见》的相关要求，从实际出发，进一步探索党委前置研究的决策议事范围。

浙江省担保集团的党委前置决策制度，做到了明确而不笼统，能避免出现眉毛胡子一把抓，把所有事项事无巨细都纳入党委的讨论范围的情况。这样既具备了宏观层面的原则性、指导性和可操作性，又在微观层面明确了决策边界。

针对下属独立法人，集团积极探讨党支部集体研究把关重大事项的相关制度，在路径、机制、流程、清单等方面，同样做出了系统性的成果。

3. 集团党委前置研究重大事项的意义

现代企业的科学决策，被喻为企业治理的“心脏”和“大脑”，国有企业要把握企业改革和发展方向，必须提高科学决策的能力。

党的十八大以来，在充分融合党的领导及现代企业制度特点和优势的基础上，中央围绕提升国有企业党组织决策能力，完善和加强了党内法规建设，对国有企业科学决策的规范化建设进行了探索，形成了富有中国特色的现代国有企业制度及领导决策架构，为新时代深化国有企业改革提供了制度保障。

从本质上来说，党组织前置研究，“前置”的是人民的利益。确立前置研究的决策程序，让我党“为人民服务”的理念更好地融入公司治理的各个环节。凭借这一项举措，回应群众的呼声，维护群众的利益，满足群众的需求。

针对“三重一大”事项的判定，国企党组织主要看四个条件：是否符合党的路线方针政策；是否符合党和国家的战略部署；是否有利于提高企业经济效益，增强企业竞争实力，实现国有资产保值增值；是否有利于维护社会公众利益和职工群众权益。满足了上述条件，在前置讨论中就能通过。

科学的决策程序，不仅能保证企业的发展符合市场规律，也能保证每一个经过充分酝酿的决策都能够符合国家利益、社会利益、群众利益和职工利益。正因如此，集团党委清醒地认识到科学决策的深远意义，在决策制定、部署和执行的过程中，始终将“方向”二字挂在心中，努力消除违反政治纪律的隐患和风险，不断夯实集团的政治根基，净化企业的政治生态。

通过党委前置的研究决策，集团明确了从“优化调整集团组织架构和相关业务单元”“强化战略规划部门的发展引领作用和科技研发部门的支撑功能”“增强新设业务发展部门产品研发能力”三个方向入手，整合了分散在各经营单元的普惠直保业务，为深入开展专业化运营划清、拓宽了“赛道”，为社会提供了更多优质的、以人为本的融资担保产品。

正是这个“党委前置”研究决策的工作机制，为浙江省担保集团的事业发展注入了灵魂，也为集团的快速发展找到了正确的方向。

第三节 助力“两个先行”，抓好浙担发展大局

不谋全局者，不足谋一域。具有大局意识、全局观念是任何成功组织的一项基本政治能力。国有企业在发展过程中，应顺应大局，掌握情势，遵循大局生成、发展、变化的内在逻辑，始终将大局意识放在一个重要的位置。

浙江省第十五次党代会明确了“深化国资国企改革，强化战略功能、展现更大担当”的战略部署，对金融工作提出了“打造融资畅通工程升级版，完善金融支持创新体系，构建数智化区域金融运行体系”的具体要求，为全省国有企业及浙江省担保集团当前和今后一个时期的工作提供了重要方向。

对省担保集团来说，“大局”就是做好省委、省政府的助手，围绕“两个先行”的奋斗目标，助推浙江经济稳进提质，实干争先，多做贡献。

1. 加大惠企担保政策支持，助力经济稳进提质

2020 年开始，受经济下行和疫情影响，小微企业和“三农”主体生产经营困难明显增加。为企业解忧纾困，成为政府性融资担保机构工作的重中之重。

在党委的统筹下，浙江省担保集团认真贯彻落实省委、省政府关于稳住经济大盘、促进经济稳进提质的决策部署，出台多方面举措，充分发挥政府性融资担保职能作用，推出政策“组合拳”，助力疫情防控和经济社会发展。

组合拳之一：推动“总对总”批量担保业务发展，扩大与银行和非银行金融机构合作，引领全省政府性融资担保体系创新产品，优化业务模式，积极拓展首保户，以此扩大“支小支农”服务覆盖面，满足市场需求。

组合拳之二：落实“双保”助力融资支持机制，对更多符合条件的小微企业提供融资担保服务，不设置资产抵（质）押反担保措施，努力实现“见贷即保”和“见保即贷”，提升企业融资效率。

组合拳之三：加大政策倾斜力度，重点关注受疫情影响的行业。集团聚焦交通运输、批发零售、住宿餐饮等小微企业和个体工商户，主动跟进融资需求，引导体系内担保机构共同发力，提高担保额度、延长担保期限，实施再担

保费减免政策，引导全省政府性融资担保机构同步让利，提振市场主体信心。

组合拳之四：积极应对国际商贸环境的风云变幻，为浙江省外贸企业纾困解难。在汇率双向波动成为常态的背景下，集团结合外贸市场现状，强化担保产品和模式创新，及时推出“浙担·汇率避险保”，全额免收担保费和再担保费，为外贸型小微企业提供优质汇率避险增信服务，提升企业抗风险能力。

集团通过建立月度晾晒和赛马机制，确保各项举措落地见效，同时积极争取国家融资担保基金授信额度支持，扩大业务规模。

通过一系列措施，政府性融资担保逆周期调节作用初步显现。

2. 深化担保体系改革，服务经济发展大局

深化全省政府性融资担保机构体系改革，是有效发挥这一体系服务全省经济社会发展大局的关键所在。浙江省担保集团党委持续发挥龙头引领作用，履行协同管理职责，以“三组带两保障一管理”为框架，搭建对全省担保机构协

同管理的工作机制，推动全省担保体系改革向纵深发展。

一方面，以股权投资为纽带，进一步构建紧密度更高的国家、省、市、县多层级政府性融资担保体系，形成较强的协同作战能力。对上，继续积极争取国家融资担保基金的支持，扩大股权投资的力度；对下，在2023年底前，对符合条件的市级担保机构，实现股权投资全覆盖。

在这一过程中，集团进一步推进市级担保机构的协同管理效能，做大做强市级机构，加快市县担保机构一体化进程。逐步实现全省担保体系在视觉效果、机构名称、治理模式上的“三统一”，持续提升各级担保机构的服务能力。

另一方面，优化和完善“数智浙担”平台，加大一体化业务管理系统应用，实现业务准入、操作流程、风险管控规则的集约化管理；加快推进和完善“浙里担保”门户和智能风控体系建设，实现与关联方数据系统的互联互通；推动“浙里担保”应用场景在“浙里办”顺利上线，精准对接小微企业、个体工商户和“三农”主体等普惠融资担保需求，促进服务增量扩面。

与此同时，浙江省担保集团党委扎紧党建联建纽带，落实党建联建标准体系，按照常态化“四联四送”机制，推动集团所属党支部与市级担保机构共建关系的全省全覆盖。统筹打造“浙担红”党建品牌，以党建引领带动基层担保

机构做大做强。通过党组织开展各类业务培训，帮助各地担保机构解决在发展中的疑难困惑，提升服务能力。

3. 精准聚焦重大战略，服务共富重点领域

立足支持浙江省高质量发展建设共同富裕示范区目标，浙江省担保集团党委站在全省“大局”的高度进行决策，不断充实完善“1 + N”服务政策体系内容，在乡村振兴、山区 26 县跨越式高质量发展、制造业高质量发展等各领域持续发力，加快形成政府性融资担保助推共同富裕的标志性成果。

聚焦农业高质高效、乡村宜居宜业、农民富裕富足三大领域，引领全省政府性融资担保机构加快形成高质量服务乡村振兴的发展格局。针对山区各县，按“一县一策”的办法解决县域小微企业发展、农民增收、乡村致富遇到的融资难题。以市场化方式为山区 26 县城乡基础设施建设、产业发展等重点领域提供增信服务。组建包括银行、券商、评级机构等综合金融服务团队，赴龙游、开化、龙泉等地对接解决县域融资需求。制定农机装备类担保贷款综合金融服务方案，为小微农机装备企业、企业主提供贷款担保，推出助力农业“双强”行动。

聚焦科技创新和人才强省首位战略。继续发挥人才科创担保分公司作用，积极扩大业务覆盖面，做好科技担保产品研发。支持杭州城西科创大走廊创新策源地建设，重点服务好长三角一体化示范区、G60 科创走廊（浙江段）、温州环大罗山科创走廊、浙中等科创大走廊上的科技型中小微企业融资，推广“风险池基金”模式，探索“私募可转债+担保”模式，完善风险分担机制，围绕初创型和成长型科创中小微企业开展“成长伙伴式”融资担保服务，形成了山海协作的升级版。

聚焦制造业高质量发展。充分发挥政府性融资担保在制造业关键领域、重点产业、重点行业融资的杠杆撬动作用，推进制造业高端化、数字化、绿色化发展，全面提升政府性融资担保服务制造业的质量和效果。

拓宽民营中小微企业市场化融资渠道。深入研究“一产业一方案”，结合

特色分类帮扶。如与浙商银行共同合作开发“安防产业项目集群”产品，为全省安防产业内资信良好的小微客户提供专项贷款担保。通过企业资产证券化等创新模式，在银行间市场、上交所成功发行资产证券化产品。这一全国首创的服务，进一步拓宽了民营中小微企业市场化融资渠道。

通过加大对制造业产业链、供应链等重点领域的担保支持，促进产业结构调整优化、构建科技创新体系、提升企业竞争力。加大对“专精特新”等小微企业的融资担保支持力度，有效助力产业集群的培育。

“秉纲而目自张，执本而末自从。”省担保集团党委在改革和发展的过程中，始终对大局保持着清醒的认识。在对各种矛盾做到心中有数之后，积极面对、优先解决主要矛盾以及矛盾主要方面，全身心投入脱贫攻坚、助力“共富”、“支小支农”的工作。在党建的引领下，全省融资担保系统一条心、共用力，服务于浙江经济社会发展的大局，并以此促进浙江经济的“稳进提质”。

4. 东西部协作，帮扶四川省达州市宣汉县大成镇锁辖村

随着我国打赢脱贫攻坚战，国家东西部协作工作也迈入新阶段。

2021 年 5 月 31 日，浙江省举行新一轮浙川东西部协作新闻发布会。根据中央统一部署，在新一轮东西部协作工作中，按照“一省对一省”的原则，浙江省结对帮扶四川省，涉及 68 个县，东西部协作工作迈入新阶段。

深化东西部协作是党中央着眼推动区域协调发展、促进共同富裕做出的重大决策部署，是浙江省属国企一项光荣的政治任务，也是一份义不容辞的社会责任。按照中央和浙江省关于开展东西部扶贫协作的部署要求，浙江省国资委党委经过细致谋划、广泛动员、精心布置，高起点高标准高质量推进省属企业参与四川结对帮扶工作。通过输出优质产业项目、引进当地优质农产品等形式，助力结对乡镇百姓致富。在东西部协作中，浙江省担保集团也承担了重要的任务。

浙江省担保集团的结对帮扶对象，是四川省达州市宣汉县大成镇锁辖村。作为一家政策性金融国企，集团的使命与东西部协作帮扶工作的内涵要义紧密

融通。浙江省担保集团引入浙江省“千万工程”的经验做法，以科学的思维理念带动各项决策高效落实，全力完成好东西部结对帮扶的各项目标任务。

宣汉县是全国商品牛基地县和四川省农区养牛第一大县，其自主培育的“蜀宣花牛”已成为“川字号”特色金字招牌，成功注册“蜀宣花牛”工商地理标志和“宣汉肉牛”国家地理标志，被誉为“南方第一牛”。畜牧养殖是全县的支柱产业，也是许多村集体和村民的主要经济来源。但是，宣汉县牛产业面临着融资缺口较大、养殖技术滞后、设施装备不足、精深加工缺乏等问题。浙江省帮扶该县的主要工作，就是为宣汉县“牛产业”的发展激活新的发展动力。

锁辖村是宣汉县大成镇下辖的行政村，附近有洋烈水乡、峨城山、巴山大峡谷、米岩花海、马渡关石林等旅游景点，有宣汉桃花米、峰城玉米、黄金黑木耳、老君香菇、漆碑茶等特产。当然，养牛业同样是村里的支柱产业，也是老百姓致富的主要路径之一。新一轮浙川协作帮扶工作开展后，浙江省担保集团党委高度重视，精心谋划，累计投入帮扶资金 90 余万元，用于锁辖村牧草种植基地和蜀宣花牛养殖基地建设，帮助当地做大做强“牛经济”。通过引进浙江的乡村经营理念，既“输血”更“造血”，积极帮扶带动村集体经济收入实现快速增长。锁辖村集体经济收入从结对时的每年不到 1.7 万元，增长至 2023 年的 16.4 万元。

与此同时，浙江省担保集团提出了“扶老扶小”帮扶策略，情系困难群众，开展慰问关怀，在村企结对帮扶过程中有效提高当地村民获得感和幸福感。

2023 年 12 月，集团党委书记、董事长应朝晖一行赴锁辖村考察东西部协作落实工作，实地查看了结对帮扶项目的建设情况。现在，“蜀宣花牛＋优质牧草”种养融合发展模式运营稳健，花牛养殖效益明显，锁辖村村容村貌焕然一新。

浙江省担保集团持续聚焦锁辖村特色产业，综合运用产业帮扶、资金帮扶、消费帮扶等多种方式，推动帮扶资金使用效益最大化，着力增强村集体经济发展的内生动力，提升群众的认可度和满意度，助力东西部协作再结硕果。

第四节　双融共促，与集团发展同行

2021年以来，浙江实施“全企一体、双融共促”工程，将国有企业从总部到下属各基层作为一个整体，推进党组织全面融入公司治理，推动党建工作与生产经营融合，着力解决党建责任层层传递问题，强化国企党建工作。

浙江省担保集团党委自成立开始，始终围绕生产经营中心任务，推动党建与业务“双融双促”。党员干部牢固树立“抓党建就是抓业务、抓业务必须抓党建”的意识，坚持融合理念，系统发展，形成党建与业务的“一盘棋”。

1. 润物无声，党委领导融入公司治理各环节

近年来，浙江省担保集团的整体发展稳中向好，其根本的原因，就是无论什么时候、什么情况，无论遇到什么样的风险和困难，都毫不动摇坚持党对企业的全面领导。集团党委通过打造学习型、民主型、创新型领导班子，源源不断将党的政治优势转化为企业改革发展优势。

秉承“两个一以贯之”精神，担保集团将党建内容写进公司章程，按中央和省委对国有企业党建工作的要求，实施“双向进入、交叉任职”领导体制向企业基层延伸拓展，推行党组织书记与企业负责人由一人担任，分设的基层党

组织书记按同级行政负责人享受相应待遇，在组织架构上明确治理机制。

集团党委严格落实国企“三重一大”决策制度，进一步完善党委前置研究讨论重大经营管理事项清单，独立法人企业党支部集体研究把关重大事项，指导其他设党支部的企业明确党组织参与重大问题决策途径。健全职务晋升、职称评聘、评优评先等事先征求基层党支部意见的制度，推动形成党委统一领导，党办、纪检部门、组织部门、党群工作部门等职能部门各司其职、协调运转的党建工作格局。

作为企业，生产经营是头等大事。党组织“抓落实”，也就是要推动生产经营目标的实现。浙江省担保集团党委始终坚持服务生产经营不偏离，抓业务从党建出发，抓党建从业务入手，举办技能比武竞赛，推动党的建设与生产经营同频共振、同题共答，助推经营目标顺利实现。

浙江省担保集团党委认真贯彻中央和省委关于政府性融资担保机构体系改革的要求，坚守职能定位，强化龙头担当，积极实施“一体两翼”发展战略，着力提高政策性融资担保普惠性，全面落实改革任务，主动作为，全力服务浙江省高质量发展建设共同富裕示范区，成功实现小微企业、“三农”融资担保工作持续走在全国前列，主要业务指标连续在全国保持名列前茅。

担保集团的“双融”是延续且富有创意的。

以 2021 年为例，集团将这一年作为党建深化提升年，通过深入党史学习教育，激发全员服务共同富裕大局的内生动力，实现高质量党建引领高质量发展。面对肆虐全球的新冠疫情，集团结合强党建战疫情，推出“五大举措”，为全省 5 万户小微企业、“三农”服务对象提供 358 亿元担保贷款，直接减免担保费 1 亿元。同时，推出系列惠企举措，引导市县担保机构共同为企业减负，再担保费率降至 0.12%/ 年，代偿容忍度提高至 5%。举办“我为群众办实事、我为企业解难题、我为基层减负担”专题实践活动，着力提高小微企业和“三农”主体满意度、获得感。

2021 年，恰逢中国共产党成立 100 周年。在这个特殊的年份，集团党委成功举办了全省政府性融资担保体系庆祝中国共产党成立100周年党史知识大赛。6月底完成的这场比赛，有效激发了各县（市、区）政府性融资担保机构互看、互比、互学、互赛的精气神，使全省体系内的联系更加密切，为更好地服务地方经济社会发展、推动政府性融资担保机构体系改革打下了良好基础。

党建引领，创新赋能。浙江省担保集团“双融”工作成果丰硕，连年被省政府评为支持浙江经济社会发展先进单位。这份荣誉，是集团强党建促发展、服务实现全省共同富裕的新成果，也是全体“浙担人”努力付出取得的回报。

2. 思想引领，激活生产力里最活跃的因素

浙江省担保集团党委在工作中，坚持思想引领，提升思想政治工作的针对性和有效性，激发了员工的活力，推动了企业高质量发展。

一是用新思想引领人。结合集团的政策性定位、政府性功能，引导全体员工增进政治认同、思想认同、理论认同、情感认同。通过完善党委“第一议题”、支部“三会一课”、青年理论宣讲等学习机制，把学习贯彻习近平新时代中国特色社会主义思想和总书记最新讲话精神、批示精神作为首要任务。

常态化开展政治理论学习和形势政策教育，增强员工对“国之大者”的理

融资担保机构体系
立100周年党史知

解把握，提升政治判断力、政治领悟力、政治执行力，主动服务全省发展大局。结合党史学习教育，立足浙江“红色根脉”，不定期组织实地探访溯源行动，重温“习近平在浙江”和浙江党史印迹，把学习新思想与学习“四史”结合起来，引导员工知史爱党、知史爱国，传承红色基因，永葆政治本色。

二是用新理论武装人。集团党委坚持把加强理论武装作为思想政治引领的主旨主线，自觉在思想上、政治上、行动上与中央和省委保持高度一致。

依托组织体系抓实理论宣贯，坚持哪里有党员哪里就有组织、哪里有业务哪里就有党务。把总部部门和所属企业全部纳入基层支部设置和管理服务范围，把理论学习作为党内政治生活的重要组成部分，加强对党员的政治历练和对群众的政治吸纳，提升员工贯彻落实中央和省委决策部署的政治自觉。

依托中宣部、省委宣传部的平台资源，抓实“学习强国”、《宣传半月刊》的推广应用，掀起全员理论学习热潮。集团“学习强国”积分始终在省属国企中名列前茅，全体员工政治站位和用党的理论解决实际问题的能力显著提升。

三是用新成就鼓舞人。浙江省担保集团坚持把教育人、鼓舞人作为出发点和落脚点，努力增强干部职工对思想政治工作的认同感。

聚焦发展成就“强信心”。在中央、省委相关重要会议召开后，通过及时举办专题读书班、邀请权威专家领导解读辅导、安排党员干部和青年理论宣讲员专题宣讲等形式，深入解读会议精神，重点强化对全国、全省和集团发展成就的宣传，进一步增强员工对国家、对企业未来发展的信心。

聚焦重大专题“筑同心”。把重大事件作为凝聚员工、教育员工的生动教材，增强全员道路自信、理论自信、制度自信、文化自信。

在日常的工作中，衡量一个领导干部合不合格、一个人才优不优秀，“浙担人”不是看他说了什么，而是看他干了什么事、干成了什么事、职工群众满不满意。集团通过大力选拔敢负责、勇担当、善作为、重实绩的干部和人才，为那些想干事、能干事、干成事、谋改革、善改革的人创造展示才能的舞台。

此外，浙江省担保集团党委十分注重思想政治氛围的营造。

在集团内部，进一步健全文化设施，让员工感受到更多人文关怀，深入挖掘浙江政府性融资担保工作的地域特色、行业特征和人文特点，总结提炼了“正德守心、善担善为”的核心价值理念，通过系列宣贯推动入脑入心，增强企业文化对员工的感召力。专门设置党群服务中心、职工健身中心、妈咪暖心小屋、员工读书岛等文体场所，并创设“浙担学堂”“领头雁”“小蜜蜂”培

训工程、担保业务沙龙等载体，充分满足职工的精神文化和专业提升需求。在对外宣传上，用好内外网、微信公众号、公司简报和集团信息等“两报两网一号”平台，并借助中央、省级、国资国企系统、担保行业等主流媒体渠道，构建宣传矩阵，系统性正面宣传集团履职成效和国企责任担当，不断讲述“浙担好故事”，发出“浙担好声音”。担保集团的发展亮点，曾被中央电视台《焦点访谈》节目、《浙江新闻联播》和新华网等主流媒体多次报道点赞。

3.“双链”融合，激发体系改革新动能

2022 年，浙江省国资委提出了国企党建的具体要求。其中包括：

国企应推进基层党组织建在生产单元、项目工地、业务链条上，推动党组

织和工作有效覆盖。积极推动组建产业、区域、板块党建联建，实现横向多跨、纵向细分的基层组织形态，围绕国企改革发展提升能力。

开展“党建合创”活动，打造“一企一品”“一支部一特色”党建品牌。强化逐级从严抓党建，推动各级党组织健全对下级企业党建的分类指导、督促检查、综合考评、责任传导四大体系。建立“照镜子”机制，各级建立“问题清单”，把落实结果作为评价国企党建工作的关键指标，作为考核领导班子和领导人员的重要依据，着力推动建强基层战斗堡垒。

根据省国资委的要求，浙江省担保集团党委尽心履职，紧紧围绕助推全省政府性融资担保机构体系改革目标，坚持党建链与金融链“双链”融合，持续打好“组织聚链、党建强链、服务兴链”组合拳，确保体系改革推进到哪里，担保服务拓展到哪里，党建工作就跟进到哪里，切实把党的政治优势、组织优势转化为政府性融资担保事业的发展优势、竞争优势。其中有三大创举，令人赞赏。

其一，组织聚链，激发体系改革新动能。

针对系统内各机构与集团无直接隶属关系，集团党委充分发挥链主作用，主动与省内 10 个地市开展党建联建，推动市级机构将联建网络向辖区内县级机构延伸，形成全面覆盖省市县三级机构“1 + 10 + N”的党建联建链路，实现

"纵向贯通"。通过党建链延伸金融服务链，实现支部定向结对、骨干互助提升、定期工作交流、分层分类培训、经验集中展示等常态化工作机制，带动市县机构的担保实力和业务能力显著提升，着力解决基层机构"弱、小、散"问题。

组织聚链也体现在"横向聚力"上。浙江省担保集团党委充分把握政府性融资担保在普惠金融体系中的桥梁纽带定位，引领市县机构以党建联建方式，打通与政府职能部门、银行机构合作链路，构建政银担协同发力的担保服务网络。在集团党委的统筹指导下，各市县担保机构把金融党建链延伸到当地财政、经济、金融等主管部门，以及退役军人事务局、残联、法院、高校、银行等单位，推动资本金补充、保费补贴、风险补偿和诉讼追偿等保障机制进一步健全完善，担保履职环境持续优化，政银担合作机制更加顺畅。

其二，党建强链，打造行业党建金名片。

集团紧盯"建设全国一流体系、打造行业党建标杆"的目标，聚焦强基铸魂，实施党建提升工程。推动全链党建提升、整链党建建强，进一步提升金融链上的党建质效水平。针对市县机构治理结构紧凑、党员人数较少、党建力量相对薄弱等情况，先后制定党建标准化、阵地规范化、治理一体化等三项工作指引，重点解决党务工作不会干、党建氛围不够浓、党的领导融入公司治理不规范等问题，推动党建提质增效，进一步带动市县机构的政治站位、大局意识提升。

坚持"一企一品"，引导链上机构结合地域、行业特色，找准党建与重大战略、经营发展、服务提升等的结合点，打造了嘉兴"红船信保"、绍兴"红桥担"、衢州"红小担"等有鲜明辨识度的党建品牌，形成了"浙担红"品牌矩阵，有效凸显了浙江政府性融资担保紧跟政策导向、服务重大战略、普惠浙江经济的鲜"红"底色，有力彰显了服务市场主体、融入地方发展的主动"担"当精神。

聚焦团结奋斗，实施文化提升工程。大力弘扬"忠诚、奋斗、担当、创新、清正"的浙江国资国企新风尚，广泛开展担保文化共识大讨论，举办全系

债券增信业务余额129.49亿元。
DEVELOPMENT
浙江省担保集团
深化战略合作暨绿色普惠业务推进会

统担保技能大赛、首届职工运动会、党史知识竞赛等活动，推动联建各方联系紧密度提升，推动“同一个担保、同一种责任”理念深入人心。

其三，服务兴链，彰显双融共促贡献度。

集团坚持高质量党建引领高质量发展不动摇，以组织链引领产品链、服务链、资源链，为服务浙江经济高质量发展注入“红色浙担”动能。

链接政策，在服务重大战略上发力。紧紧围绕全省中心大局，加大业务模式研究和产品研发力度，精准服务省委、省政府重大战略实施。2023 年以来，集团围绕强力推进创新深化改革攻坚开放提升，引领链上机构推出数字产业保、先进制造保、在外浙商保等专项产品，有力助推了三个“一号工程”落地落实。围绕“千万工程”、乡村振兴推出“海岛渔农保”“鲜甜共富保”“农创客助力保”，聚焦弱势群体推出“拥军保”“助残保”等产品，着力在缩小三大差距上精准用力，有力地支持了浙江省共同富裕示范区建设。

链接资源，在服务实体经济上用力。牢牢把握政府性融资担保的初心使命，以链上合作带动服务对象融资获得感、满意度持续提升。对融资难问题，在链上银担机构中推广“见贷即保”批量服务模式，降低门槛，压缩审核周期，确保更多市场主体融到资；对融资贵问题，推动链上银行主动降费让利；对融资慢问题，加快开发上线新一代业务系统，实现与银行系统打通直连实时交互，打造“无感担保”服务，实现担保融资“一触即达”。

链接模式，在服务地方发展上发力。充分发挥联建各方职能资源优势，以集团人才科创担保分公司为龙头打造科创产业链，协同市县担保机构成立 24 个“科创风险池”，助力县域科创企业和“专精特新”主体成长。联合会计师事务所、律所、券商机构组建综合金融服务团队，助力山区 26 县国企成功发行各类专项债券，有力支持后发地区基础设施建设、特色产业发展和公共服务提升。

在金融党建链引领带动下，“弱、小、散”等一系列影响市县机构高质量可持续发展的问题得到有效突破，机构专业能力和服务能力显著提升，有效助力了全省营商环境优化提升和“一号改革工程”实施。

第五节　保廉政：我们的队伍向太阳

浙江作为革命红船的起航地、改革开放的先行地、习近平新时代中国特色社会主义思想的重要萌生地，全省上下强化全面从严治党，深入开展党风廉政建设，不断增强抗腐拒变的本领，打造政治生态上的“绿水青山”。

在廉政建设中，浙江省担保集团党委推出了“清廉浙担”计划。对于金融行业来说，廉政建设既能使企业顺利发展，又能有效防范金融风险。“对党忠诚、勇于创新、治企有方、兴企有为、清正廉洁”的二十字要求，像标尺一样，印刻在每个员工的心中，“廉洁担保”成为集团上下的基本操守。

1. 正视不足，廉洁担保无盲区

“不敢腐、不能腐、不想腐”九字，是担保集团廉政建设的总基调。

按照浙江省委提出的《关于加强各级领导班子政治建设的若干意见》要求，浙江省担保集团旗帜鲜明地提出了要打造一个维护力、引领力、担当力、服务力、廉洁力兼备的“五强”党组领导班子，从高层做起，从自身做起。

落实在具体行动中，就是要求党委书记要认真履行第一责任人职责，将党建工作与经营活动紧密结合、相互促进，自觉当好政治建设的领导者、落实者、推进者。为防止人浮于事，集团党委建立了一套领导班子的党建工作报告和述职制度。结合年度党建工作和自查报告，落实全面从严治党主体责任，如实向上级党委报告领导班子党建工作情况，并将其作为年度考核述职的首要内容。

集团党委还制定了巡检视察和专项检查制度，对发现的问题及时督促整改，查漏补缺，对典型问题予以通报，完善了一系列奖惩制度。

尽管反复强调廉政建设，但毋庸讳言，由于行业的特殊性，某些领域还是存在着一定的缺陷。比如：全面从严治党“两个责任”落实不到位；抓作风建设不够扎实；“四风”问题屡禁屡犯；资金竞争性存放、财务管理等领域廉洁风险比较突出，落实新时代党的组织路线存在短板；等等。

面对缺陷，集团党委清晰地认识到，真正的问题存在于制度的漏洞之中、系统的运作之中以及每个人的内心之中。为了优化企业发展环境，高质量打造具有担保辨识度的国企党建和清廉国企建设高地，“浙担人”必须拿出“刮骨疗伤”的勇气，从优化管理机制、营造廉洁氛围、强化监督机制等多方面入手，构建“廉洁担保”的防火墙，做好长期作战的准备。

为保证国有企业政治生态建设重点任务落到实处，集团党委结合反腐倡廉“全覆盖无盲区零容忍”专项行动和省委巡视组的反馈意见，对发生代偿风险的担保项目、干部员工违规兼职等重点问题进行了“回头看”，对公款竞争性存放、招标采购等实施了全过程监督，并积极支持派驻纪检监察组围绕高质量建设清廉浙江、担保体系改革、结对帮扶开展专项监督。

廉政建设无小事。集团党委不仅建立了书记挂帅出征、班子成员分工负责、责任部门（单位）狠抓落实的整改工作体系，还建立了问题清单、任务清单、时间清单、责任清单，实行“台账式管理、销号式落实、闭环式运作”，面对需要整改的问题，治理一个，销号一个，巩固一个。

2. 优化管理，扎好廉洁篱笆墙

浙江省担保集团从评价体系、防腐机制、廉洁氛围、监督体制、党风党纪五个方向入手，持续深入开展“清廉浙担”工程建设。

第一，担保集团通过系统化的方式，将廉洁文化建设纳入企业发展的总体布局。集团明确提出了党组织统一领导、党政齐抓共管、综合部组织推进、纪检监督落实、部门各司其职、全员积极参与，全力推进“廉洁浙担”工程。

涉及浙江省担保集团的大额资本金存放问题，党委规定，除担保特定业务合作配置资金外，其他资金一律实行公款竞争性存放，有效防止了各部门利益冲突，切断了利益输送链条，提高了资金的使用效益。

集团党委专门对领导干部及家属的禁业范围进行了排查整治。结合各部门业务职责和政府性担保行业监管的新要求，从各岗位违纪违规易发部位和管理薄弱环节中梳理出风险点，以此为契机完善廉政风险防控预警体系。

在考评体系的整肃过程中，党风廉政建设被纳入部门领导履职评价考评体系和公司合规风控考核指标，廉洁文化建设情况与管理人员薪酬、奖惩、评优评先挂钩，工作体系得以进一步健全。

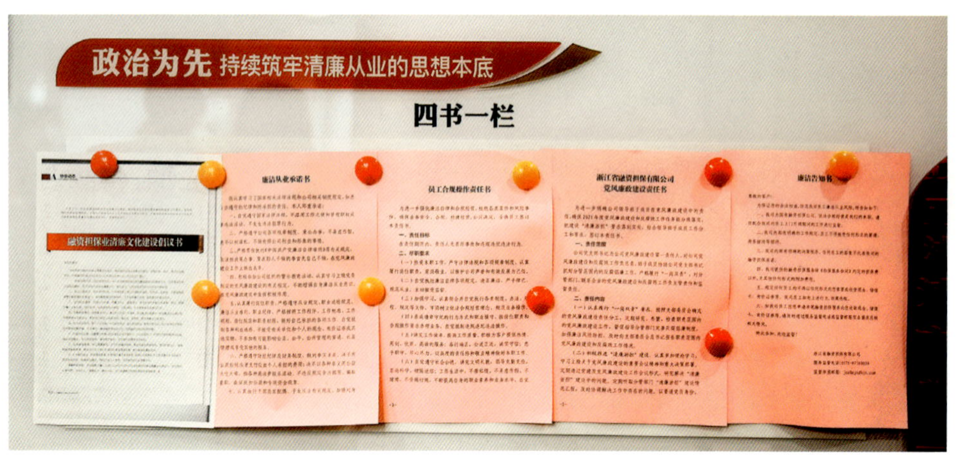

进一步落实主体责任。集团要求党委书记及班子成员、子公司负责人及其班子成员、分管部门负责人层层签订年度全面从严治党、党风廉政建设责任书。针对数量较大的基层员工，集团创建了“四书四签”廉政风险防控责任体系。这一体系覆盖了员工从业生命的全周期，即：员工新入职时，要签署廉洁从业承诺书；分配到岗后，签署合规操作责任书；相应领导人员，要签署党风廉政责任书；外出开展尽调工作时，要出具廉洁往来告知书。

第二，担保集团通过机制的更新、创设和优化，在制度化的过程中促廉，筑牢了“不能腐”的篱笆墙。集团党委采取常态排查、动态检查与定期整改相结合的方法，将廉政风险排查的工作责任化和规范化。针对现行制度设计存在的缺陷与不足，从多个维度推进了制度“废改立”14个、流程再造59个。

与此同时，集团党组织将清廉触角深入招投标采购、代偿追偿、保前尽调等关键环节，悉心培育了5个清廉单元21个清廉项目，描绘出一幅全方位的“清廉浙担”导视图。导视图以简洁明了的形式，再现了各类小微权力的使用场景，为“微管控”提供了可能性，实现了清廉单元建设向最小颗粒度深化细化，为日后集团清廉项目的总结和清廉部门培育的评价提供了制度参照。

集团还细化了党支部参与企业人、财、物等7类34项重大决策清单，形成了支委会、党员大会与董事会、经理层等治理主体各司其职、协调运转的决策机制，基本实现了“权责法定、权责透明、协调运转、有效制衡”的治理目标。

第三，担保集团党组织通过开展丰富多彩的倡廉小活动，用立体化的办法培育廉洁习惯，力求营造浸润式的廉洁氛围。在工作之余，担保集团先后开展了领导讲廉、网络享廉、典型示廉、读书思廉、剧场倡廉的“五廉”系列活动，还在办公大楼内推广了进会议、进桌面、进廊道、进规划、进公约的“五进”举措。

第四，担保集团将督廉工作常态化，在深化全流程监督体制上下功夫，真正确保制度“长牙”、纪律“带电”。

担保集团搭建了“集团派驻纪检监察组＋支部纪检委员＋外部监督员”的三级监督体系，即让纪检组管班子成员，支部纪检委员管全体党员，外部监督员管全员。三级管理监督网格实现了全员覆盖，产生了良好的效果。在此基础上，集团党委与派驻纪检监察组还建立每季度会商机制，在干部选拔任用、评先评优推荐等重大事项方面严格履行了事前征求意见程序，并从人员编制、办案场所、办公用房、工作配合机制等方面提供保障，确保了监督的权威性。

清廉
阅书角

在各项措施中，浙江省担保集团的“四责协同”工作机制也很有特色。集团党委构建起集党群、纪检专责监督；财务、审计、合规、风控等职能监督；以及民主党派、无党派等外部监督机制。这是一个大监督体系，将监督的精准性、专业性、全面性提升到了一个更高的层次。

结合大数据新技术，担保集团还创通了“清廉码”，干部员工可通过网络反映问题，实现“人人可监督、处处可反映”，让廉政监督从线下拓展到了线上。

第五，正风肃纪不放松。长期以来，集团党委都保持着对“四风”问题的高压整治态势，不断巩固党风廉政建设成果。

依照“小切口、大治理”的改革理念，集团要求党员干部时刻关注各类“小微”的违规违纪问题，诸如“领导干部参与民间借贷”“违规收送礼品礼金”“低级红、高级黑”“酒驾醉驾”“违规公款吃喝”“餐饮浪费”等。针对金融企业腐败和本企业实际问题，集团对全体干部员工开展了廉洁从业行为排查。针对违规兼职取薪、担保代偿项目及追偿等 8 个方面重点问题，建章立制，及时整改，以举一反三的方式，实现从源头防范腐败风险。

在“三公”经费使用问题上，集团也出台了相应措施。进一步完善了公务接待经费管理办法、公务用车费用管理办法、经营业务车辆管理办法、差旅费管理办法等内控制度，实现支出透明度和公务成本的一升一降。

遵循中央八项规定的原则，担保集团党委以再担保业务流程优化和降费增效为突破口，在集团内持续推广“最多跑一次”的改革理念，简化了烦冗多余的程序，有效防止了形式主义、官僚主义在具体业务中滋生和变种。

3. 防微杜渐，加强廉政教育

如果说机制建设是让人“不敢腐、不能腐”，那么，常态化的党风廉洁宣导教育则是发人深省，让人从内心深处感到“不想腐”。

每年夏天，浙江省担保集团都会组织“警示教育月”活动：组织一次警示教育参观活动；召开一场警示教育大会；剖析一批严重违纪违法典型案例；开展一次廉政风险排查和防范化解；组织一次党风廉政专题培训；召开一次专题民主生活会；开展一次清廉文化创建活动——将“七个一”的规定做深做实。

“浙担人”至今还记得2021年8月24日下午的那场活动。当天，集团组织全体干部职工赴省法纪教育基地参观学习，大家有序参观了“不忘初心 牢记使命”“清廉浙江 勇立潮头”“以案为鉴 警钟长鸣——浙江省全面从严治党案例展”3个专题展厅，对于党的先进性、纯洁性有了更深刻的体会。全体人员还观看了廉洁警示教育片《一晌贪欢终坠悬崖——倪政伟严重违纪违法案剖析》和南郊监狱实时监控录像。鲜活真实的案例，让人警醒。

此后，集团党委又组织党员职工前往浦江县郑义门陈列馆开展体验学习活动。郑义门又称“江南第一家”，历经宋、元、明三朝，十五世同居共食，有“代代出清官、朝朝皆良民”的美誉，史称其“只有佳话连篇，而从无丑行记录”，是中华传统社会大同的典型案例，也是浙江省一处重要的廉政教育基地。

集团党员参观了陈列馆的图片资料及文物，重点学习了《郑氏规范》168条家训内容，感受了郑义门优良的家风家教精神。以德正心、以礼修身、以法齐家、以义济世的郑氏精神，与“正德守心、善担善为”的浙担价值观正好契合，这对于“浙担人”来说，具有极强的启发和指导意义。

集团党委还经常利用“微群课堂”的形式，通过钉钉群和微信群，向党员推送廉政教育资料。党员在移动阅读中提升了廉政素养，在观看直播时真切感悟到了反腐倡廉的深刻内涵。

浙江省担保集团的“五廉”活动极具特色。“清廉小剧场”因其形式新颖广受好评。节目由党员干部带头表演，员工踊跃参与，以展现担保履职中的风险点为切入口，进行清廉情景剧的自编、自导、自演。每到演出时，几乎场场座无虚席。戏剧之外，还有手绘漫画。“浙担人”颇有新意地推出了一本“融我绘说廉”的主题漫画集。主题和素材取自浙江省担保集团的日常业务，内容和图画都是年轻员工们自创自绘的，创造了用“小漫画”说“大廉洁”的新模式。

每当有员工的生日到来时，集团会特意送上定制的廉洁生日贺卡，在传递生日祝福的同时，寄语廉洁提醒。而这些清廉提示语，还会出现在员工的电脑屏保上——集团的廉洁文化就这样融入了员工的日常工作环节。

集团党组织还专门培育了一支廉洁小分队，他们就是“8090”宣讲员，担负着宣传廉洁文化的重要任务。他们常常会在员工之间开展“话廉”活动，对党风廉政、纪委全会精神、警示案例等主题进行宣讲、剖析和解读。

应该说，自“清廉浙担”建设行动开展以来，集团资金存放、直保业务、代偿追偿、采购管理、工程管理、财务管理、后勤保障等关键领域的廉洁风险管控被放到了“放大镜”之下，风险预警、防控机制明显得到了加强。

时至今日，浙江省担保集团“人人思廉、人人倡廉”的良好风气正在逐渐形成，在日益清正的政治生态中，每位员工廉洁从业的意识更加强烈。更可喜的是，廉洁文化基因已经融入公司各项业务中，无论是在工作流程中还是日常管理中，“浙担人”时刻都能感受到廉洁风气产生的潜移默化的影响。

03

第三章
如盐在水
——浙江省担保集团的党建亮色

浙江省担保集团党委成立于 2019 年 3 月。

从集团诞生到集团党委成立，在风风雨雨的历程中，浙江省担保集团党建工作从无到有，从起步到健全，从基础到深入，逐步构建了一个完善的组织体系，摸索出一套规范的运行机制，打造了一支德才兼备的人才队伍。

浙江省担保集团党委下设 6 个支部。根据党建、意识形态、党风廉政建设、统战等责任制要求，每个支部都设置了纪检委员、组织委员、宣传委员、统战委员，各子公司专门配备了 1 名专职党务人员。在此基础上，各支部还与省内 10 个地市的担保机构党组织达成了党建联建，基本实现了省域行业党建全覆盖。

担保集团的党建历史，既是一部不断坚持党的领导、加强党建工作、培“根”铸“魂”的改革史，又是一段“浙担人”创新创业、实干能干的奋斗史。在不断探索和实践中，“浙担人”越来越深切地感觉到，在深化国有企业改革的道路上，只有坚持党的领导、推动党建与经营有机融合，才能保证企业发展大方向不偏离，才能让企业发展焕发出勃勃生机。在党建与企业经营发展“双融”理念的引领下，浙江省担保集团党建统领整体智治的格局已经初步形成。

第一节　不断壮大的组织力量

浙江省担保集团作为省属大型国有金融企业之一，既是政府性融资担保领域的领头雁，又肩负着助推全省融资担保体系改革发展的使命和职责。

在从0到1的起步过程中，保证企业的生存与发展，是担保集团的第一要务。作为企业，必须完善经营发展的基本功能，要承担实现投资人、客户、员工、社会大众的利益最大化的使命。因此在初创阶段，担保集团最核心的任务就是制定发展战略、组建经营团队、制定发展目标、完善规章制度，并按既定的目标和任务，有序开展经营，尽快在融资担保领域站稳脚跟。

这一时期，由于人才储备比较单薄，特别是党员队伍还有待扩充，因此企业党建工作仍处于酝酿和准备阶段。尽管如此，浙江省担保集团从2016年成立伊始，集团管理层就未停止过对于党建理论和实践的探索。

1. 追寻浙江省担保集团党建的源头

事实上，浙江省担保集团一成立，集团干部员工中的党员，作为先锋模范，便已如盐在水，润物无声了。

经过了一年多的筹备，集团的各项前期工作已经基本就绪，业务也蒸蒸日上。这时，党建工作便提上了议事日程。

2017年6月29日，集团召开了专题学习会暨“七一党课”，全体员工集中学习了浙江省第十四次党代会的主要精神。会上，时任集团总经理的徐蔓萱详细解读了那篇《坚定不移沿着“八八战略”指引的路子走下去，高水平谱写实现“两个一百年”奋斗目标的浙江篇章》的党代会报告。通过这次学习，干部职工对于文件中提到的“两个高水平”宏伟目标、“六个浙江”建设、“四个强省”打造、七个方面重点任务以及持续推进全面从严治党的落实等内容，都有了更加清晰的认识。大家就浙江省第十四次党代会报告内容，结合担保集团发展实际展开了讨论，干部职工们情绪高昂，氛围热烈。

时任集团副总经理的蒋建建在讨论中带头发言。他认为，认真学习省党代会精神有助于正确把握公司的发展方向，是具有指导意义的重要工作，而如何在工作中践行省党代会的精神理念，将成为日后工作中的重要课题。担保集团首先要有创新的意识，要从理念、方法、工作、机制、模式和组织体系六个方面入手，加大创新力度；其次要重视人才，加强人才的选拔和培养，在实干和事业中发现人才，只有这样，才能促进企业的发展。

时任业务发展部总经理金安则结合具体的业务发展工作，从讲政治、重创新、加强团队建设等方面，谈了学习贯彻省党代会精神的体会。

当时的风险管理部业务骨干茅慧慧从自己的本职工作出发，结合个人实际，讲述了省党代会开启新征程之后对自身的新要求。茅慧慧是一个勤恳而有悟性的人，在她的身上，能看到集团基层职工的影子。

这次“七一党课”，可以说是浙江省担保集团党建活动的开端。

在之后的日子里，随着企业工作基本步入正轨，担保集团开始将党员专题学习会纳入常态化机制，几乎每月都会召开。除了时事政治学习，集团还组织党员干部和员工系统学习党史和党建理论，从理论源头出发，深刻认识在国有企业中做好党建工作的必要性、重要性和迫切性。

要让员工真正理解党建是国企发展的基石这一道理，单单开会、讲课，效果并不十分理想。集团于是采用更为灵活的方式，如不定期组织党课比赛，让党员们来当授课老师，在讲授党课过程中传播红色文化，讲好党的故事。

2018 年 5 月，省担保集团举办了首届微型党课比赛，比赛的主题是“弘扬红船精神，走好新时代的长征路”。在这次比赛中，党员们的表现都十分出彩，他们的演讲技巧也得到了磨炼。更重要的是，这次比赛，不仅让全体党员深入学习了习近平新时代中国特色社会主义思想、党的十九大精神以及“红船精神”，对我党发展史和党组织的先进性有了深层次的认知，而且对党性意识的加强和爱岗敬业精神的再教育也产生了极大的促进作用，效果令人欣喜。

2. 浙担党委成立，红色引擎发动

2019 年 4 月 3 日，浙江省担保集团正式召开党委成立大会。

浙江省委决定，杜祖国同志担任首任党委书记，张胜凯同志担任副书记。这一年，不仅是集团党建工作开创全新局面的一年，也是集团党建和事业发展走向融合提升的开端之年。2019 年，也因此成为“浙担人”最值得记忆的一年。

根据中央、浙江省委、省国资委关于国有企业党建的精神，浙江省担保集团党委的首要工作，就是着力固本强基，开启党建的新篇章。

一是全面加强党的领导。省委宣布建立集团党委后，党委班子统一思想，牢固树立“抓党建是本职、不抓党建是失职、抓不好党建是渎职”的理念，将党对国有企业的领导融入经营发展的全过程。针对刚开始时班子成员仅有 2 人的情况，集团建立党委专题会制度代行党委会职责，并抽调精干力量组建党建小组，确保工作有序推进。党委会正常运行后，第一时间研究制定党委议事规则和“三重一大”决策程序，把党建工作写入公司章程，为党委发挥“把方向、管大局、保落实”的作用提供制度遵循，确保党委在法人治理结构中的地位和作用。

二是系统谋划党建工作体系。党委明确 2019 年为党建工作基础建设年，推出组织建设、铁军淬炼、素质提升、党群连心、干部勤廉等“五大工程”；确立基本组织覆盖、基本制度建设、骨干梯队培养、实用人才引育、学习型班子建设、学习型员工培养、企业文化建设、扶贫消薄攻坚、实干先锋、勤廉浙担等“十项行动”，并将上述目标细化分解成 35 项具体任务，逐一分解落实，推动组织、工作、制度和监督体系等各项工作在年内基本落实到位。与此同时，围绕加强党的领导、强化党的组织、规范自身建设、完善党内监督保障等方面，建立了 20 项工作制度，初步构建起具有担保特色的党建治理体系。

三是从严落实责任制要求。集团党委认真对照党建、党风廉政、意识形态、统战、人才等责任制要求，建立领导小组，制定实施意见，印发责任清单。构建起“明责、履责、督责、考责、问责”的工作闭环，切实扛起党委主体责任。落实好书记“第一责任人”责任和班子成员“一岗双责”要求。围绕“四个到位”要求，结合集团总部治理架构调整完善，在年底前完成党委办公室、党委组织部、党群工作（宣传）部等专职部门的组建，进一步强化党建工作力量。

四是夯实党建基层基础。坚持“一切工作到支部”，认真贯彻《中国共产党支部工作条例（试行）》要求，用一个月时间迅速完成全部党员组织关系转入和下设支部的组建选举工作，及时出台“三会一课”、主题党日、党费收缴管理使用等基本制度，编印党支部规范化、标准化工作手册，试行党员“先锋指数”和支部“堡垒指数”测评管理，全面提升基层党建工作规范化水平。同时，深入推行“一支部一品牌”建设，推动6个下属支部结合自身工作特点，各推出一个特色党建品牌和党员先锋岗，形成典型示范引领效应。结合实际推进“五五”党建基层项目计划实施，由党委书记、副书记分别联系两家子公司党支部开展基层示范党组织创建，促进支部党建工作提档升级。

集团党委的成立，是浙江省担保集团发展史上浓墨重彩的一笔。在省委和省国资委党委的领导下，集团党委以习近平新时代中国特色社会主义思想为指导，深入学习贯彻党的十九大和十九届二中、三中、四中全会精神，有效贯彻落实省属企业“党建工作六大行动”要求，扎实推进集团党建工作基础建设年

“五大工程十项行动”，为推动政策性融资担保事业高质量发展提供了坚实保障。

3. 党建引领业务发展

在集团党委这部“红色引擎”的引领下，担保集团高速运转起来，全省的政府性融资担保事业面貌焕然一新。至 2019 年末，集团担保业务余额达 258.9 亿元，同比增长 74.93%；担保客户数达 4.16 万户，同比增长 74.06%；再担保业务余额达 211 亿元，同比增长 91.81%。据国家融担基金统计数据，浙江省担保集团当年的 4 项主要指标居全国首位，其他业务指标稳居全国前三。

为了提质增效，扩大各领域合作，推进政府性融资担保工作全面发展，集团制定了名为“个十百”的目标，要求“党员个个出动、走遍省内十个地市、调研百家服务对象合作单位”。在集团党委的组织下，党员干部和员工们走访了全省上百家企业，以及市县各担保机构、合作银行、地方政府和省市县金融相关职能部门，围绕核心主业，开展了富有成效的工作。

在开展调查研究的同时，集团党委也向内寻求发展思路，鼓励党员带头说真话、办实事，为集团发展出谋划策。集团党委先后组织了十几场座谈会，与 50 余名员工做了个别谈心，还在线上和线下分别设置了征集意见的信箱。

根据走访结果和反馈意见，集团收集到了内部员工和主管部门、服务对象、合作单位、体系内担保机构等反馈的意见建议共计 116 条。在此基础上，集团党委围绕全省政府性融资担保体系建设这一核心任务，结合当前的工作重点，形成了多篇高质量调研报告，成为指导日后工作的重要依据。

党建和业务发展并重，这是对国有企业的基本要求，也是对浙江省担保集团的要求。在推进事业发展的同时，时时要“回头看”，检查企业是否走在正确的道路上。为此，集团党委围绕政治建设、作风建设、主责主业、党建基础、队伍建设这五大方面，对照党章党规继续深挖存在的问题，开展批评与自我批评。经过整理和归纳，最终，一张涵盖 8 大类 21 条的问题清单交到了“浙担人”的手上。如何解决好这些问题，成为担保集团深化改革发展提升的关键。

在浙江省担保集团接下来的工作中，“三查三改”成为工作的主线。其出发点，就是要全力整改“21 条问题清单”中的所有问题。经过近一年时间的不懈努力，集团内部改革终于取得了实质性成果，“21 条问题清单”中除个别创新举措和信息化建设需要长期跟进外，其余 19 条全部整改到位。

浙江省担保集团党委牢牢抓住了党建工作的核心要义，坚持党的基本路线不动摇，全面加强党的领导，坚决贯彻了两个“一以贯之”，有效保证了集团党委工作和日后的经营业务不走“邪”路，少走“弯”路，并为全力助推全省政府性融资担保体系建设划定了政治红线，指明了奋斗方向。

经过党建文化熏陶，全体“浙担人”深知，推进党建工作的根本目的，还是实现集团融资担保业务水平的提升，在全省范围内打造一个质量较高的政府性融资担保体系，进而服务更多的小微企业和“三农”主体。这一初衷和目标与我党“全心全意为人民服务”的宗旨不谋而合。

经过探索和努力，集团党委在实践中积累了不少经验，理清了未来发展的思路，并依此规划出一幅党建与业务双融共促的美好蓝图。

第二节　耕好支部的责任田

党支部是党组织开展工作的基本单元，是党在社会基层组织中的战斗堡垒，是党的全部工作和战斗力的基础，也是推动国企改革发展的中坚力量。

担保集团党委成立后，认真贯彻《中国共产党支部工作条例（试行）》要求，坚持“一切工作到支部”，集团用一个月时间迅速完成下设支部的组建选举工作，全部党员组织关系转入各支部，并结合各支部的工作特点，分别推出特色党建品牌、党员先锋岗，形成典型示范引领效应。

目前，浙江省担保集团党委下设 6 个党支部。其中集团总部设 4 个支部，下属的省融资再担保公司、省融资担保公司各设 1 个支部。各支部在集团党委统领下，耕好责任田，共同组建了一支有凝聚力、战斗力的浙担红色铁军。

支部建设是永不止息的红色征程。立足实际，应运而生，应时而变，是支部始终具有生命力的重要因素。经过数年探索和沉淀，一抹抹党建亮色在集团各处浮现，它们闪动着品牌的光辉，是“浙担人”过往耕耘的宝贵成果，也是照亮未来的行路火把。

1. 集团原第二支部：党建引领，打造“三创先锋”

浙江省担保集团原第二支部，由派驻纪检监察组、发展研究部、法律合规部三部门党员组成。该支部结合自身职能属性，围绕集团业务发展的核心，充分发挥法律合规和纪检监察的重要保障作用，努力实现集团发展模式创新、合规制度创新、监督方式创新。因此，支部品牌被定名为“三创先锋”。

简单四个字，却意蕴深厚。

其一，发展模式创新。原第二支部坚持贯彻中央和省委、省政府关于发挥政府性融资担保作用的系列文件精神，聚焦“重要窗口”的目标定位，坚持新发展理念，开展全省政府性融资担保体系一体化建设、集团发展规划及业务产品创新研究，探索和打造全国一流的政府性融资担保“浙江模式”。

其二，合规制度创新。原第二支部发挥在内控合规管理等方面的专业作用，对业务重要环节进行风险控制。落实风险防控措施与集团内部管控各项工作要求，从而实现合规制度对风险点的全覆盖；提升制度可操作性，推进业务管理规范化、标准化进程；进一步推进制度实施与考评工作融合，营造集团合规经营氛围，引导集团合规意识不断增强并落实到行动中。

其三，监督方式创新。发挥派驻纪检监察组在监督管理方面的专业作用，着力推进政治监督具体化、常态化。紧密结合省委、省政府和集团中心工作，探索推行项目化、常态化监督机制。整合集团内部监督资源，督促各职能部门切实履行监管职责，形成同向发力、协作互动的工作格局。通过监督方式的创新，加强监督工作成果应用，提升监督工作成效，促进集团健康稳定发展。

为创建“三创先锋”品牌，原第二支部立足当下，着眼未来，努力打好“123”组合拳。

“1 个驱动”：紧跟中央及省委、省政府政策重点及热点，围绕科技创新、乡村振兴、疫情防控等重大战略部署，加大业务模式和产品创新力度，为集团

和子公司业务发展提供核心驱动力，充分发挥全省政府性融资担保龙头引领作用。

“2 重保障”：充分发挥法律合规部和派驻纪检监察组在内控建设、纪检监察等方面的专业职能，以合规制度创新与监督方式创新为抓手，在集团大力推进业务规范化、制度化建设，为集团业务创新和可持续健康发展提供保障。同时围绕最新监管要求，通过内控合规管控与监督工作创新相互促进，引导集团治理体系逐步完善。

“3 项服务”：通过咨询服务对涉及业务、内控合规、法律法规、党章党纪等问题进行解答；通过专业知识和业务相结合，为各部门和子公司解决实际问题；开展调查研究，主动对接市县担保机构和银行需求，了解全省政府性融资担保体系的建设情况，以问题为导向，不断提升服务能力和水平。

原第二支部的一系列举措契合党建工作起步期的需要，推进了集团的法治化建设，把合规管理和风险防控落到实处，为集团发展和业务创新提供了安全健康的环境。

2. 再担保公司党支部：搭建“同心桥”

浙江省融资再担保有限公司（以下简称“再担保公司”）是浙江省担保集团的全资子公司，成立于 2018 年 12 月，主要负责经营融资担保、融资再担保业务。再担保公司先锋党支部以 “同心桥”为品牌，立意简单明了：与党同心同向，搭建融资畅通之桥；与人民同心同向，搭建和谐连心之桥；与企业发展同心同向，搭建交流联动之桥。

再担保公司的业务发展，就是按照这个品牌内涵推进工作的。

公司以再担保为主业，着力缓解小微企业、“三农”等普惠金融领域融资难、融资贵问题，助力实施融资畅通工程。助推市县担保体系一体化建设，引领合作担保机构降低费率、“支小支农”；优化产品操作流程，体现“最多跑一次” 改革精神；重点关注乡村振兴、人才创新等重点领域，为打好“三大攻坚战”、做好“六稳”“六保”工作提供支撑，搭建融资畅通之桥。

聚焦小微企业、个体工商户、农户、新型农业经营主体以及符合条件的战略性新兴产业企业，关注“首贷户”“中间层”的融资需求，不断提高“支小支农”担保业务规模和占比，搭建和谐连心之桥。

发扬“干在实处、走在前列、勇立潮头”的浙江精神，保持干事创业的激情，继续深化与国家融资担保基金、合作担保机构、银行业金融机构的合作，发挥合力共同服务小微企业、“三农”，搭建交流联动之桥。

为建好“同心桥”品牌，再担保公司党支部推出了党员“1＋1＋1”结对行动工作机制，要求 1 名党员结对联系 1 名群众，1 名党员推动 1 个重点项目的实施，努力做到党建品牌有载体、有抓手、可评价，为高质量发展提供有力的思想保证、精神动力和文化支撑，达到“强信心、暖人心、筑同心”的效果。

在党建品牌创建和业务融合中，再担保公司党支部的定位十分清晰。

首先是抓思想认识，筑牢思想根基。把准方向，在学习上下功夫；强化培训，在理解深化上下功夫；学以致用，在躬身实践上下功夫。

其次是抓基础建设，提升组织力。通过专题讲座法、实践学习法、案例模拟法、现场教学法、交流互助法“五步法”的学习模式，提升党员基本素质。着力规范运行，落实基本制度。严格按照党建工作流程和要求，提升规范化、制度化和标准化水平。建强基本组织，带强基本队伍。

再次是抓责任落实，强化主责意识。把重点工作细分到各部门、落实到具体责任人，牢牢牵住“牛鼻子”；构建党组织承担“主体责任”，书记承担“第一责任”，班子其他成员履行“一岗双责”的责任联动机制；突出党建引领业务发展的推动力评价，注重党员群众满意度测评。

然后是抓业务创新，推动深度融合。按照“党建引领各项工作发展”的思路，充分发挥党组织的政治优势、组织优势和群众工作优势，发挥党支部的战斗堡垒作用；坚持“一切工作到支部”“一名党员就是一面旗帜”的工作理念，开展党员“先锋岗”“突击小分队”等特色岗位创建。加强与国家融担基金、政府主管部门、银行等金融机构、合作担保机构的联动，凝聚整合资源合力。

最后是抓重点项目，实现快速发展。以一体化建设为抓手，充分发挥体系力量。2020 年 7 月，由国家融资担保基金推动的银担“总对总”批量担保业务模式落地浙江，浙江省担保集团成为全国首家全部完成协议签订的省级再担保机构。再担保公司党支部以银担“总对总”合作为基础，探索创新产品，推广浙担品牌，启动“双保”业务等，以此践行浙江省担保集团的普惠金融理念。

再担保公司党支部是一支朝气蓬勃的队伍。在事业发展过程中，再担保公司已连续 4 年在国家融资担保基金的合作机构评价中收获“优秀”评级。在省政府的年度考核评价中，荣膺“支持民营企业、小微企业发展优秀单位”荣誉称号。

3. 省融资担保公司党支部：坚持“信”火相传

浙江省融资担保有限公司成立于 2018 年 12 月，也是浙江省担保集团的子公司。省融担公司党支部成立后，响应集团党委的号召，推出了“‘信’火相传”党建品牌，树立起“特色党建融业务，融资增信促增长”的目标。在实践和探索中，省融担公司党支部逐渐成长为稳经济、促增长的排头兵。

"信"火相传，其中有传承、信任、担当之意。传承，代表党的坚定信仰代代传承，广大党员要在传承中肩负起时代赋予的责任；信任，即党员要信任群众、依靠群众，建立一支有活力有战斗力的党群队伍；担当，要求党员要坚定业务信心，带头推动业务发展，为公司事业做出贡献。

省融资担保公司党支部以"强思想、筑平台、建队伍、送服务、守清廉"作为创建"'信'火相传"品牌的具体道路，在工作中严格要求自己。

强思想，是要深入学习守初心。通过重温入党誓词、开展"政治生日"、观看红色影片、参观红色基地等多种形式的学习教育活动，确保学习入脑入

心。全体党员牢记公司政策性定位和职责，筑牢思想根基。

强思想，还要承诺亮牌担使命。支部设置党员先锋岗、党员示范岗，实施亮牌上岗。结合党员工作实际，组织亮身份、亮职责承诺活动。围绕改进作风、业务发展、联系群众、志愿服务等方面进行承诺，让党员时刻保持使命感，勇当先锋，主动作为，在防风险和促增长中发挥党员的先锋模范作用。

筑平台，即搭建"红色金融服务平台"，提升综合服务能力。一方面以党

支部开展外联共建活动的形式，加强与银行、券商、评级公司等机构的交流，实现资源共享、经验共鉴、合作共赢，推进业务高效开展。另一方面，加强与中债增、市县政府性融资担保公司等外部增信机构的合作，联合担保，提升担保业务能力。省融资担保公司党支部的“红色综合金融服务平台”，为进一步服务省内国有企业和龙头骨干企业，防范化解重大金融风险，提供了更全面、优质、高效的服务。

筑平台，也是构筑一个综合学习平台，打造专业人才队伍。省融资担保公司党支部利用月度学习会，丰富专业知识，提高专业技能，锤炼专业作风，增强竞争力；利用钉钉和微信党务群，定期发送学习资料，举行学习成果交流会，促进自主学习，提升内动力；利用外部走访机会，不定期派员工前往券商、银行等合作机构，开阔眼界，拓宽思路，增强创新力。

省融资担保公司党支部的“建队伍”工作，包括：成立“党员责任区”，发挥战斗堡垒作用；创建“党员突击队”，发挥先锋模范作用；建立“志愿服务队”，践行为人民服务宗旨。这既体现了我党的传统风范，也体现了当代企业的与时俱进特色。

至于“送服务”，支部的工作就更为具体了。其中包含“精准帮扶再深化”，紧盯脱贫攻坚目标，提升帮扶成效；也包括“担保服务再延伸”，紧盯金融风险化解要求，举行金融推介会，提供一揽子金融服务方案，做好民企金融顾问工作，满足个性化金融要求，等等。

守清廉，不言自明。省融资担保公司党支部强化廉洁管理，层层压紧压实党风廉政建设责任，推动廉政警示教育常态化；完善监督机制，设立清廉信箱，充分发挥群众督廉作用，形成主动监督与自觉接受监督的良好氛围。

在支部党员们的奉献下，2019 年，省融资担保公司成为全省第一家获国内权威机构授予 AAA 主体信用评级的担保机构。自 2020 年起，党支部连续 3 年荣获全省政府性融资担保体系先进基层党组织等荣誉。

党建共建单位
读懂碳中和
苏东坡新传
党建共建单位

第三节 “1 + 2 + N”党建联建机制

经过数年的探索，浙江省担保集团在党的政治建设、理论建设、组织建设、作风建设和纪律建设等方面都取得了显著成效，取得了阶段性成果。

但是，国有企业的改革路远且长。在全省政府性融资担保体系基本形成的基础上，实现全体系的党建联建，是形成行业合力的有效途径。作为这个体系的龙头企业，担保集团党委将围绕全省“党建成网”发力。

从2021年起，党建联建工作正式启动。集团党委以党建统领整体智治格局和组织聚合、发展融合、双融共促为目标，以“1 + 2 + N”为主要架构，以“四联四送”为工作抓手，有力助推了全省政府性融资担保机构体系改革。

1. 体系变革：党建联建呼之欲出

“独行者速，众行者远。”企业要改革，要发展，绝非单打独斗就能成功。同理，全省政府性融资担保体系的建设，仅仅依靠浙江省担保集团党组织的力量也是远远不够的，还需要团结各地市融资担保机构，形成合力。

由于党建工作起步有早有晚、员工政治素养参差不齐、资源配置不平衡、党建人才缺乏等各方面因素，各地市的融资担保机构普遍存在着党建工作弱化、党建阵地建设缺失、党建资源整合度不高等问题。即便是那些业务发展较好的地市担保机构，其党建与业务融合的水平仍有待进一步提高。

问题表现主要在三方面：

其一，部分地市融资担保机构的党组织对党建工作的重视度不够，党组织对群团的政治领导作用不强，难以形成推动发展的强大合力。还有部分地市担保机构的党建与企业日常经营活动存在脱节，组织“脱嵌”，功能“脱钩”，党建和群团工作存在边缘化问题。致使党组织的政治性、先进性和群众性趋于弱化。

其二，部分地市融资担保机构的党组织的党建配套设施建设滞后。党员活动和党建教育硬件设施不完备，活动制度和活动规范不健全。党建品牌建设滞后，没有在显著位置悬挂或放置党旗、党徽，缺少展示党支部概况、服务流程以及党务公开等设施，甚至连倾听党员意见建议的场地都没有，缺乏人、物和财保障。

其三，一些地市融资担保机构的党建工作存在资源不足、力量不够、活动开展难、信息沟通交流少等问题，尤其是与银行、金控、财政部门等合作主体之间的党建联动性较弱，导致了党建资源分隔化和党建格局碎片化。各党建主体各自为政，其结果就是党组织的引领力、引导力、组织力不够，实际效果大打折扣。

针对上述问题，浙江省担保集团党委清晰地认识到，只有加强担保行业龙头的引领作用，启动党建联建工作，凝聚多方力量，才能突破当前的瓶颈，实

现全省政府性融资担保体系共享共治的高质量发展格局。

党建联建，就是要形成以党建为引领、以党组织为主体的工作联合体。在当前的社会形势下，这种针对产业、区域、板块的党建联建模式，对保持党的先进性、实现党的组织和工作全覆盖、增强党建工作有效性产生了良好效果。

实际上，筹划全省政府性融资担保体系的党建联建，较早就被列入集团党委的工作计划，是“七张问题清单”中的列项之一。2021 年起，集团党委正式着手党建联建工作。经过半年多时间的协商、沟通和探索，一份完整的全省担保机构党建联建标准化实施意见出台，各项工作有条不紊地铺展开来。

集团党委遵从“布局、运行、效果”的工作逻辑，围绕设置管理、作用发

挥、工作保障等主要问题，从“完善组织架构、规范运行机制、强化发展引领”三大方向入手推进党建联建工作。

依据标准化实施意见，首要任务是完善党建联建的组织架构。“纲举而目张”，浙江省担保集团党委提出了横向联动、纵向延伸的“1 + 2 + N”全省政府性融资担保机构区域党建联建组织架构，并很快付诸实施。

横向上，让政府金融主管部门、财政部门、银行和融资担保公司协同发力，以省市担保机构为主体建立 1 个联建的核心体系，联动市级担保机构所在地的 2 家单位，即财政金融主管部门及担保合作银行各一家，共同助力解决当地实体经济和小微企业、“三农”融资的 N 方面难题。

纵向上，强化集团党组织的引领带动作用。具体的操作方法是，由集团党委指定 1 个直属党组织为联建的牵头单位，与省内 2 个地市的市级担保机构共建，帮助市级担保机构解决党建、业务、公司治理、数字化改革、风险管控、人才培育等 N 方面问题，助推地方经济发展。

至 2023 年初，集团党委已同省发改委财金处党支部、省农信联社风险合规部党支部、杭州联合银行授信审批部党支部等多部门达成共建，集团所属 5 个党支部已同浙江全省 10 个地市级政府性融资担保机构达成联建合作。

2. 浙江省担保集团的“四联四送”机制

在确立组织架构的基础上，推动联建机制规范运行，强化党建联建的发展引领，才能真正让整个体系运转起来。浙江省担保集团的“四联四送”工作，就是推进全省政府融资担保机构党建联建规范、标准运行的有效机制。

那么，“四联”是什么呢?

一是组织联合建设。省担保集团党组织依托自身优势，会同联建各成员单位共同制定年度共建目标及重点任务。各方坚持共商、共建、共治、共享的原则，共同解决突出问题，积极应对突发事件和疑难问题。

二是党员联动学习。集团采用阵地共享、资源聚集、线上线下联动等方式创立了一套常态化运作的学习机制。一方面，集团党委会借助“学习强国”APP、腾讯“视频会议”等线上渠道，在各支部和基层党支部中营造出一种互看、互学、互比的浓厚学习氛围；另一方面，集团党委会时常联络各地市担保机构的党支部，丰富实地考察和现场联学形式，深入合作并开展诸如“沿着红色足迹学党史”主题党日活动、“我为企业解难题”专题实践活动等大型活动。

三是活动联合创办。集团党委提出大型活动一起办、党建活动轮流办、专业活动社会办的“三办”模式。此举要求联建成员单位在做好日常沟通联络的基础上，每年至少举行一场现场联建活动、领办一个重点项目、取得一项具体成果。为达成目标，集团不断丰富联建形式和内容，要求活动和项目强化实效导向，聚焦经济发展、企业融资、机构建设等“急、难、愁、盼”问题。

四是发展联合促进。本着抱团发展、整体提升的目标，立足自身的工作职能，浙江省担保集团统筹整合了省、市、县的担保、证券、财会、法律、评级等机构和资源，建立起一个综合金融服务平台。联建成员通过共建党建品牌、共享党建基地、共推先锋模范、共抓主责主业、共育人才队伍、共强专业能力，初步形成了以大带小、以强扶弱、全链合作、多方共赢的局面。

在“四联”的基础上，集团党委又推出了“四送”机制。

“四送”是强化发展引领，推进党建联建作用发挥。包括送政策、送规范、送培训、送资源，为各地市担保机构输送能量。

送政策，就是着眼地市担保机构发展所需，及时关注地方融资担保工作中遇到的瓶颈问题，积极研究相关可行政策，帮助建立完善有利于政府性融资担保可持续发展的政策与保障机制。

立足各地市县的产业需求“送政策”，强化了资源引导和资金衔接，为地市融资担保机构输送了实惠，同时也精准“滴灌”了县域经济，在很大程度上帮助市县级担保机构提升了整体融资能力和发展动能。

送规范，就是制定全省政府性融资担保机构统一的业务规范、操作规范和公司治理规范等规范性流程机制，定期汇编业务、风控、追偿等典型案例，有效指引基层机构业务开展。浙江省担保集团将现有的公司治理、担保政策、业务流程、服务案例等方面的规范进行了系统梳理和打包，形成了一整套操作手册，供市县担保机构参考借鉴，帮助联建成员规范化运作。

送培训，就是挖掘整合集团内外学习培训资源，常态化推进干部上挂下派工作，从理论和实践两方面帮助基层机构专业骨干快速成长。

浙江省担保集团把加强党员队伍建设作为联建工作的切入点，由集团党委牵头，定期开展党员理论轮训、党务实务观摩、党建知识竞赛等活动，将教育管理经验和支部班子建设经验传递给联建党组织党员。

在现有的双向挂职、交叉任职、联合培训、委托培养等机制下，集团定期向联建机构下派专业人才或董事，解决地市机构的个体性问题。同时也会接收联建机构人才上挂锻炼，从而提升联建成员的党建能力和业务水平。

送资源，就是浙江省担保集团凭借省级平台的优势，将已有的、可争取到的各种资源进行合理分配和输送，帮助基层机构争取专项股权投资资源、银担“总对总”合作政策资源以及与浙江省金融综合服务平台、中国人民银行征信系统、浙江省政务服务网互联互通的“数智浙担”平台资源，全方位帮助基层机构做大做强。

将个体的力量纳入联建的大体系，便形成了“1 + 1 > 2”的聚变效应。全省政府性融资担保体系党建联建成员，在保证自身发展的同时开创了多赢的局面，进一步彰显了高质量党建引领高质量发展的鲜明导向。

3. 全省担保体系党建联建 2.0 升级版

对于全省政府性融资担保体系来说，不断提升综合服务水平，实现党建和经营双融共促局面，是行业龙头浙江省担保集团党委的重要责任。在体系内推动党建联建，也是政府性融资担保服务机构的机制与模式创新。

党建引领经济社会发展，经济发展到哪里，党建就要推进到哪里。党建工作不仅成为推动地方经济社会发展的“牛鼻子”，而且成为拉动经济增长的“红色引擎”。浙江省担保集团按照“围绕产业抓党建，抓好党建促发展”的思路，结合产业特色推动党建联建工作，充分整合党建、产业和人才、技术、信息等资源，探索形成产业联动、支部互动、党员带动，推动党建工作与产业发展深度融合、互促共进，以党建联建大智“汇”催开“富民之花”。

实现全体系党建联建，聚合各地市融资担保机构党组织的力量，争取银行等多部门的协作配合，将有力提升地市担保机构的担保能力和抗风险水平，扩大全省政府性融资担保机构的服务范围。经过几年的发展，浙江全省政府性融资担保机构体系的党建联建工作富有成效，其带动作用也十分明显。

但是，事业需要进一步发展，党建联建工作也需要与时俱进，不断升级。2023 年 4 月，为更好地发挥党建在助推全省政府性融资担保体系改革中的重要作用，浙江省担保集团举行了“1 + 10”党建共建联建签约仪式，集团党委与全省 10 个设区市的市级政府性融资担保机构党组织集中签约，将联建网络向县级延伸，着力打造党建联建的 2.0 升级版，实现省市县三级“一张网”全覆盖。

新的联建机制不仅体现在组织联系上的新加强，更体现在发展融入融合上的新提升。集团党委坚持“以发展论英雄”，要求党建联建在加强政治引领、推进党建品牌共建、推动资源高效利用、深化人才培育培养、加快体系文化构建、打造廉洁担保体系六方面加大力度，切实把成效体现在服务全省大局、助推改革发展上，在以“两个先行”打造“重要窗口”的新征程中，展现浙江省担保集团新风尚，书写党建引领新篇章。

从发端、发展到升级，归根结底，全省担保体系实现党建联建的最终目的，就是服务于全省人民。经过“政银担”的协同发力，集团的担保产品和服务得到了创新，群众的融资担保需求得到了更大的满足。更多的群体享受到了融资担保政策的普惠性和便利性。联建让全省政府性融资担保体系不断壮大和充实，浙江省担保集团正在用实际行动，兑现“善担善为”的诺言。

第四节　那一抹“浙担红”

时至今日，全省政府性融资担保体系逐渐成熟，统一形成了“浙担红”品牌，这一品牌的知名度、美誉度也在全省乃至全国范围内迅速扩展。

在“一企业一品牌、一支部一特色、一党员一闪光”的大框架下，浙江省担保集团党委进一步推动了全省政府性融资担保机构各党支部的品牌创建工作，发挥党建的影响力和辐射带动作用，推动各地融资担保事业向前发展。

在集团党委的统筹下，全体系党建文化氛围越发浓厚。各地市机构的党支部、党员纷纷行动，将那一抹红色涂抹到了更广阔的地方。

1. “浙担红”，红遍全省

担保集团党委引导全省融资担保机构结合地域、行业特色，找准党建与重大战略、经营发展、服务提升等的结合点，打造自己的党建品牌。于是，在浙江大地上，就有了嘉兴“红船信保”、绍兴“红桥担”、衢州“红小担”、湖州“红色助企‘家’”等有鲜明辨识度的党建品牌，形成了“浙担红”品牌矩阵。

“浙担红”，有效凸显了政府性融资担保紧跟政策导向、服务重大战略、普惠经济的鲜“红”底色，彰显了服务市场主体、融入地方发展的主动“担”当精神。

湖州市融资担保有限公司（以下简称“湖州融担”）是浙北湖州市的政府性融资担保机构。在省担保集团指导下，湖州融担不断探索“红色金融”三模式，赋能小微企业健康发展，打造了“红色助企‘家’”党建品牌。通过探索实践“红色金融＋”模式，推动了党建与业务的融合，引更多金融活水，注入“大众创业，万众创新”。

“红色金融＋”的后缀，可以加上很多不同的工作侧面。

比如通过“红色金融＋共享共建”，统筹区域优势资源，将政府性融资担保优势、湖州本地产业资源优势和湖州银行的信贷主体优势相结合，打造“创

"浙担红"党建品牌

忠诚
担当
奋斗
创新
清正
全省政府性融资担保体系
党建一张网

光彩信保
GUANG CAI XIN BAO

红船信保

信火相传

红色金"融"

同心桥
先锋党支部

红小担

红色助企"家"

点燃红色引擎
践行融担使命
助企金融
排头兵

业互助”共富班车，重点面向科研技术人员、应届毕业生、高素质农民等扶持对象创新创业，以增信支持、资金支持、智力支持、资源支持实现了产业赋能。湖州各单位、各部门间的合作协同得到了强化，“红色朋友圈”不断扩大。

“红色金融＋优质服务”，实现了党建工作和日常业务的深层次融合。湖州融担推行青年党员“零距离”精准服务，让青年党员带头组建“红色金融先锋队”，通过提供咨询、金融服务、专业指导等“1＋X”多元化服务，开展“政策宣讲进园区，企业服务零距离”等活动，列出项目、资金、需求“三张清单”，推动金融资源、政策资源与企业需求精准对接。

湖州融担还创新了党建增信“加分项”，引入“党建增信”环节，展现红色金融文化，让企业在债权融资中多一个考量指标，获得融资加分。党建增信指标包括是否设立党支部、公司党员占比、公司管理层党员人数等，结合“亩均论英雄”的评比结果，进而对申请贷款的企业进行加分项评议。浙江格尔泰斯公司就是受益于这一举措的首家企业。

湖州融担还持续推行下沉式金融服务，在区县设置办事处，同步设立党小组，由党员骨干作为站点联系人，开展政策服务宣传。同时，依托优势资源平台，借助“创业论坛”“湖海联盟”等载体，为相关创业企业提供专业化、一对一的咨询服务、导师辅导等智力支持。

在浙江中部的绍兴市，绍兴市融资担保有限公司（以下简称“绍兴融担”）擦亮“红桥担”品牌，搭建起小微企业、“三农”和金融机构之间的红色桥梁。近年来，绍兴融担聚焦城乡融合，因地施策扮靓乡村。针对全市农村在“五星 3A”迭代升级中较为集中的融资需求，绍兴融担与银行深度联动，开辟绿色通道，打造了专属的担保产品和一揽子金融服务方案，为改善村容村貌、完善公用基础设施保驾护航。

如今，绍兴融担已经形成了可复制、可推广的金融服务模式，探索产业富民、支持乡村振兴。一方面，善用金融手段支持强村共富联合体。例如，联合银行、保险机构、期货机构、邮政部门、相关产业协会等 30 家单位，按照“资源共享、组团发展”的思路，支持新昌东茗乡下岩贝村等“一村一品”示范村创建，诸暨山下湖珍珠小镇等优势特色产业聚集区也同时受惠。另一方面，积极推出支持“乡村产业致富带头人”的创新服务模式。绍兴融担通过支持致富带头人，可以辐射带动上下游产业链上的各类经营主体。

在浙江南部的温州，我们看到的是热烈的“温担红”品牌。温州市融资担保有限公司（以下简称“温州融担”）联合浙江省担保集团、乐清市融资担保有限公司、瑞安市融资担保有限公司、苍南县融资担保有限公司共同开展省市县三级政府性融资担保机构党建联建活动，在全系统内首次将党建联建网络延伸至县级机构，率先完成了省市县联建“一张网”全覆盖。

温州融担以“传承红色基因，担当担保使命”为宗旨，全力打造“温担红”品牌。党员干部深入企业，助企纾困，并在服务过程中不断总结经验，创新发展。面对小微企业“短、频、快”的融资特点，温州融担创新推出了“单笔单批”模式，改进业务流程，完善风险评价模型，科学评估担保风险水平；凭借“双保·科创”“惠企保”“易融保”“复工贷”等担保产品，推出了“无接触式”担保业务。这些创新举措，都走在其他地区的前面。

2. 凝聚在“浙担红”的旗帜下

“浙担红”，凝聚了“浙担人”的心，指引着“浙担人”的行动。在这面旗帜的引领下，浙江省担保体系全体成员更加自觉地参与党建，活动也更加丰富多彩。

为了带动更多的党员积极参与到担保体系改革和党建事业中，浙江省担保集团党委结合省第十五次党代会精神和集团实际，根据省委“六学六进六争先”和省国资委党委“五学五讲五落地”的要求，创设了“五学四讲三赛”的新颖载体，确保“浙担红”在社会实践活动中得到发扬和传承。

集团党委联合各地市担保机构党支部，以“五学联动”为主题开展了一系列活动，将领导班子专题学、党员干部示范学、线上线下全员学、青年群体创新学、“追随足迹”现场学结合在一起，实现学习大政纲领全覆盖。

集团党委充分利用“三会一课”，督促各支部传达、学习和宣传党的最新精神，同时，不定期组织全体党员追寻红色基因、追随红色足迹，开展精神溯源行动，实地感悟总书记关于城乡共富、科技人才、企业创新等方面的重要指示精神，足迹遍布淳安县下姜村、桐庐县分水镇、诸暨市枫桥镇等地。

在枫桥镇枫源村，党员们认真聆听了介绍“枫桥经验”的党课“新时代

'枫桥经验'与基层社会治理现代化”，了解了“枫桥经验”的发展历程、新时代“枫桥经验”的内涵，以及“枫桥经验”对基层治理的启示等三方面内容。“枫桥经验”实际上就是以服务人民为中心，探索出的一条“政治、自治、法治、德治、智治”融合共治之路。这堂党课，让党员干部们颇受启发。

在“四讲”活动中，全省政府性融资担保体系依托“四路大军”，发起了一场又一场立体宣讲会。通过组织和发挥领导干部、专家名师、优秀青年、党外代表等四大群体的作用，浙江省担保集团走遍远近乡村、造访大小企业、融入一线基层，大力开展专题宣讲，累计近百场次。

为了让更多的年轻人关注党的事业、理解党的任务，集团专门打造了“信火之声”FM电台、“8090”青年宣讲团、“浙担青年说”等特色宣讲品牌。其中，“学党代会精神显浙青年担当”青年宣讲会的反响极好，宣讲员们用十分通俗的语言，解读了我们党在新时代新征程中的远大目标和中心任务，在场之人受到了极大感染，青年人的奋斗精神和爱国热情被充分激发。

浙担“三赛”，是指三项别开生面的赛事。集团通过举办党的二十大精神应知应会知识竞赛、理论实践热点青年辩论赛和长三角融资担保职业技能大赛等三大赛事，实现以赛促学、赛学一体、双融共促之目的。

在理论实践热点青年辩论赛上，正反双方围绕“年轻重在多尝试还是聚目标”“灾难中的自私是否应该被谴责”“个人理想和社会理想哪个更重要”“当代青年应该选择接受自己还是改变自己”等辩题，展开了激烈的辩论。各辩手在比赛中尽情展现了逻辑、说理和论据，将比赛一次又一次推向高潮。

在这些演讲、比赛活动中，集团党委特别注重将担保产品和业务融入其中，让每一位成员在活动和比赛中熟悉业务、反思业务、领悟业务。

除此之外，集团还会通过组织党性修养提升班、统战群团建设、各层级“两优一先”评比、主题党日、民主评议会、重温入党誓词、重温入党志愿书、“党员政治生日”等活动，将“浙担红”文化植入每一名成员的血脉中，为担保业务的推进和发展提供源源不竭的能量。

3. 创建浙江省担保集团的企业文化

企业文化作为一种微观文化，既表现为一个企业在长期经营实践中凝结、积淀的文化气氛、精神力量和经营境界，也表现为一种被广大员工所认同的道德规范和行为方式。要激发目标的执行力，推动党建和事业双提升，促进企业的改革和发展，企业文化的塑造必不可少。

企业文化有三个维度。表层的文化，通常指企业的视觉识别系统；中层的文化，是指企业的行为识别系统，体现在规章制度、组织机构、员工行为规则等方面；深层次的文化，即企业理念识别系统，包括使命、价值观、愿景等，

可以渗透到企业员工内心深处。

2021 年 8 月，浙江省担保集团的企业文化系统正式发布。

这是一套以“4621”为框架系统的企业文化体系，它涵盖了企业使命、企业愿景、核心价值观、企业精神四大核心理念，囊括了经营、管理、风控、人才、团队、廉洁六大专项理念，形成了企业行为规范和员工行为规范两大行为规范体系，外加一整套视觉形象识别系统。

梳理浙江省担保集团的企业文化系统，摘要如下。

“4”——四大核心理念：

企业使命：架融资通畅之桥，担普惠金融之责。

释义：努力改善融资环境，助推全省政府性融资担保机构体系改革发展，深化“政银担”协同，架设多方融资合作桥梁，全面提升服务效能，打通企业融资“最后一公里”。

践行普惠金融理念，不以营利为目的，积极创新融资担保服务模式与机制，精准有效、高效优质服务实体经济。

企业愿景：打造国内具有创新影响力的一流担保集团。

释义：贯彻新发展理念，对标建设“新时代全面展示中国特色社会主义制度优越性的重要窗口”的新目标、新定位，全力助推全省政府性融资担保机构体系改革，做大做强政府性融资担保机构，突出创新驱动、改革突破、数字赋能，强化系统观念，加强党建引领，推动高质量发展，创建融资担保服务浙江样板，以一流的创新能力、一流的专业服务、一流的风险管控、一流的人才队伍，展示浙担形象，引领行业发展。

核心价值观：正德守心，善担善为。

释义：以德正行，用心为民。我们坚持政策定位。忠实履职尽责，以高度的责任感和使命感，全心全意投入政策性融资担保事业。

善担善为，善作善成。我们聚焦主责，推动行业进步，促进金融协同，以强烈的事业心和进取心，为浙江经济健康发展贡献浙担力量。

企业精神：担使命、担责任、担风险。

释义：牢记使命，以功成不必在我的精神境界和成功必定有我的历史担当，托举梦想成就未来。

勇于担责，以担当有我的情怀和干则必成的决心，服务社会经济发展大局。

善担风险，发挥经济发展稳定器作用，用于分担行业风险，为破解融资难题提供有力支撑。

“6”——六大专项理念：

经营理念：专业、规范、协同、稳健。

管理理念：人为本、制为纲、效为先。

风控理念：行事合规、管控有效。

人才理念：点滴皆可立潮头。

团队理念：“我们”比“我”更重要。

廉洁理念：廉由心生，始于慎微。

“2”——两大行为规范体系：

企业行为规范体系：勇担使命、合规经营、创新进取、公平公正、人本和谐。

员工行为规范体系：爱国守法、忠诚企业、团结协作、勤学精进、实干争先。

“1”——一整套视觉形象识别系统：

浙江省担保集团的标志，由“浙”“担”两字拼音的首字母“Z”和“D”组合而成，代表着地域和行业属性，同时字母“Z”和“D”相互融合，以一种双手环抱呵护之态，展示金融服务行业为实体经济发展保驾护航的使命担当。同时，字母“Z”形似浙江省的母亲河——钱塘江，喻示着浙江省担保集团拥有远大的发展前景，在省委、省政府领导下勇立潮头，奋发有为，朝着“打造国内具有创新影响力的一流担保集团”的美好愿景而努力奋斗。

标志色彩为金色，厚重而有力量，蕴含着希望、活力、热情，凸显助力实

体经济发展的国企担当。

从2016年集团筹建，到2019年集团党委建立，到2020年启动企业文化建设，再到2021年公布企业文化体系，浙江省担保集团经过三载塑形，五年磨剑，逐步形成了现在的企业文化体系，这是全体“浙担人”的思想共识和智慧结晶。

从本质上讲，企业文化是为实现本企业的目标而服务的。良好的企业文化一定是经过全体员工认可并共有的企业核心价值观念，它既能营造一种促进员工奋发向上的人文环境，又是一种规范确保企业发展壮大的行动指南。

作为浙江省担保集团和“浙担人”的精神谱系，这套企业文化系统的建设奠定了企业的发展基础，对凝聚员工的价值信念产生了积极影响。与此同时，企业的社会价值也因此彰显，并且在整个政府性融资担保体系中辐射开来。

围绕企业文化建设成果，浙江省担保集团将之融于实践，动员集团广大干部职工积极学习、宣传推广集团文化体系，使这些成果能够落地生根，并积极创新发展，做到引领方向、凝聚共识，以文化长青促基业长青，在高质量发展建设共同富裕示范区的征程中再创辉煌。

担保集团的企业文化建设，是党建工作的重要组成部分。企业文化在潜移默化中影响员工行为，由此提升员工对事业的自豪感、忠诚感和归属感，并逐渐转化成一种精益求精的工作习惯。

从某个角度说，担保集团的企业文化系统，也是一抹靓丽的“浙担红”。

04

第四章
善担善为
——浙江省担保集团党建赋能事业发展的经典案例

2022 年，浙江省担保集团的“全省政府性融资担保机构体系改革”被选为 2021 年浙江“金融服务年度案例”之一，这不仅是对担保集团工作的肯定，也是对全省政府性融资担保机构一体化进程阶段性成果的认可。

在全省政府性融资担保体系改革过程中，浙江省担保集团充分履行协同管理职能，会同各市担保机构积极推动改革任务的落实。集团以股权投资、党建联建和“数智浙担”建设为纽带，主动建立并加强与各地市担保机构的连接，推进一体化建设。同时，作为经验实力和融资体量均居于首位的“老大哥”，集团在实际工作中积极发挥着“领头雁”和“指导员”的作用。集团结合全省各地特色和产业布局，针对地市担保机构在业务发展中的困局，提供政策、资金、资源的帮助，进行业务指导和新产品开发，全体系面貌由此焕然一新。

时至今日，全体系凝聚形成合力，在很多方面都得到体现。

在抗击新冠疫情的行动中，全体系统一战线，主动担当，精准纾困，帮助企业民众解决燃眉之急；在助力乡村振兴中，各市县机构依据地方特色，大力创新担保产品与服务，推动地域产业发展、农民增收、村貌提升；在建设共同富裕示范区实践中，深入贯彻“八八战略”，聚焦山区 26 县的经济振兴，有效推动了共富扩面提质；在落实人才强省首位战略行动中，全体系整合资源，推出了一系列人才科创产品，为全省的科技人才型企业铺设了稳健的发展基石……

这些成果，正是担保系统“双融共促”战略下的收获。

第一节　寄情山海间

2003 年 7 月，时任浙江省委书记习近平就浙江未来的发展方向，提出了“发挥八个方面的优势”“推进八个方面的举措”。这就是“八八战略”，在此后成为引领浙江发展的总纲领。

多年来，浙江省委、省政府坚持一张蓝图绘到底，一任接着一任干，开辟了中国特色社会主义在浙江的生动实践，绘就了波澜壮阔的浙江画卷。

山海协作工程是“八八战略”的重要组成部分，也是浙江省推进共同富裕示范区建设的主要路径。浙江省担保集团和各地市政府性融资担保机构聚焦落后的山区、海岛，编写了一卷令人感动的“新山海经”。

1. 一片叶子富了一方百姓

松阳县隶属浙江丽水市，总面积 1406 平方公里。全境以中、低山丘陵为主，四面环山，中部盆地以其开阔平坦，被称为“松古平原”。这是全省 26 个欠发达的山区县之一，2021 年，全县地区生产总值（GDP）仅 129.08 亿元。

和浙江很多山区县一样，茶产业是松阳的支柱产业之一。

当地出产的“松阳茶”是绿茶的一种，以地域而名。此茶历史悠久，据说唐代时曾为贡品，虽是中华茶文化中的小脉，但仍受四方商客喜爱。

松古平原气候温和、雨量充沛，适合茶树生长。这里几乎每位农户都有自己的茶园，种茶卖茶已成为他们增收致富的重要途径。每年三月，漫山遍野的采茶人沉浸在浓郁的春茶清香中，像是五线谱上的音符，奏着欢快的乐曲。

松阳古市镇的老白就是众多茶农中的一个。他从事茶叶种植加工已有 30 多年，种茶、养茶、采茶、制茶成了他生活中不可分割的一部分。老白说，当地管茶叶叫“金叶子”，其中就包含了老百姓对通过这一产业致富的希望。

尽管松阳的茶叶产量高，但传统的种植方式、较落后的加工技术，使得延续多年的茶种品质也趋于低端，当地茶农制作出来的茶叶很难卖出好价钱。一亩茶地的年营收不超过 4000 元，加上采摘人工成本增加，有时甚至会出现亏损。

这也是像老白这样干了一辈子的茶农最发愁的事情。

要想增收，唯一的出路就是改良茶种，优化工艺。比如，若换成“黄金芽”“金香玉”这些高端茶种，提升茶叶加工水平，完善品牌包装并进行创意推广，年亩均收益就能达到 1.5 万元以上，能翻上数倍。

想法是美好的，但升级换代并不容易。买设备、学技术、买茶种，每一样都需要真金白银。手头资金不足，让老白有些泄气。

他曾经想去银行贷款，但家里的几间破房、山上的几亩薄地，银行根本看不上。没有实打实的抵押物，银行可不会雪中送炭。

就在这时候，公家的担保公司来了。

小许是浙江省担保集团的业务人员，他本来就是松阳人，这次与丽水市政策性融资担保有限公司松阳分公司（以下简称“丽水融担松阳分公司”）的同志一道来松阳，一是要帮助像老白这样的茶农解决实际问题，二是顺便回家看看，以了思乡之情。

对家乡的茶园，小许很有感情：“我家就是种茶叶的，小时候爷爷常带我去山上采茶，清明前后最忙。”小许知道公司要去松阳尽调，服务的对象还是当地的茶农，便主动要求前往，希望能为家乡的发展尽一份力。

业务人员到老白的茶园实地考察后，直接在现场完成了担保审批手续，整个过程干脆利落。很快，银行30万元贷款就到位了。欣喜之余，老白还有点恍惚，一筹莫展很久的资金短缺问题，没想到就这么轻松解决了。

一个产业就好比一个水塘，每个从业者都是其中的小小水滴。融资担保公司通过政策性服务为特定个体纾困解难，有效地保证了池塘中活水不断。像老白这样的茶农，在松阳并非个例。此后，更多的茶农在政府性融资担保机构的帮助下，解决了资金问题。松阳茶叶种植业的升级换代，进展顺利。

对松阳全县的茶产业来说，品种和技术升级仅仅是一个方面，要推动整个产业的发展提升，还有很多事情要做。在帮扶茶农解决资金问题后，省市县担保机构又把目标瞄准了产业链中游的制茶企业和下游的销售企业。

这些年，松阳的茶产业链构建大体是比较完整的。随着乡村振兴战略的实施，“去乡村创业”已经成为很多年轻人的选择。松阳的自然环境优美，政策条件优越，加上成熟的茶产业，成为吸引年轻人创业的阵地。

在松阳，一批拥有高学历的年轻人会聚在茶产业链的中下游，他们从事茶叶的生产包装、品牌开发及营销推广，对工作满怀热情。正因为有这些年轻人，松阳茶从浙南山区走向了全国，甚至走出国门，走向世界。

小何就是这样一位年轻的“茶农”。他早年一直在杭州工作，听说家乡发展得越来越好，回乡创业的想法便涌上心头。不久后，小何离开了原工作单位，收拾行囊，回到松阳。

小何和几位朋友在老家北山村成立了松阳县康洁电子商务管理有限公司。他的梦想，是打造一个融合茶叶与服装销售的电商产业园。

事业发展总体还算顺利。几年之后，北山产业园里已有80多家茶叶电商企业入驻，年销售额超过20亿元，在当地也积累了一定的知名度。

更为重要的是，小何的努力改变了一个村落的命运。北山村向来以种茶为主，几乎家家户户都是茶农。但村民的收入并不可观，年人均收入不足3000

元。随着小何等一大批青年人的到来，“互联网＋农业”的全新商业模式被带入这个古老的村落。村民们喜出望外，纷纷模仿学习，北山村也一跃成为远近闻名的淘宝村，传统的茶产业插上了信息化的翅膀，村子的活力与日俱增。

尽管如此，商业活动中，资金周转是一个永恒的话题。产业园中的电商从业者在业务扩展的同时，资金需求规模也在扩大，于是就有了融资需求。然而，由于电商企业多是轻资产企业，融资难成为摆在他们面前的一道坎。

政府性融资担保机构就像一台执着的铺路机，哪里路不通，它就会把路铺到哪里。就在这个节骨眼上，丽水融担松阳分公司再次伸出援手，协同建设银行松阳支行为电商企业开展批量担保授信，成功为园区内 12 家茶叶电商企业提供了担保支持，担保总金额超过 2000 万元。

小何和他的北山电商产业园得以更上一层楼。

每隔一段时间，省市担保公司的工作人员就会到松阳，对服务的农户和企业做回访，看看这个产业链上还有什么需要。

2. 助推“蛋咯蛋”成为亚运会特供产品

“‘蛋咯蛋’入选第19届亚运会蛋类供应商啦！”

2022年的某天，从衢州蛋咯蛋农业科技有限公司（以下简称“蛋咯蛋公司”）传来的好消息让衢州信保公司一下子沸腾起来，他们多年来的帮扶工作终于开花结果了。

蛋咯蛋公司成立于2019年，是一家以养殖绿色无公害蛋鸡为主的农业企业，蛋鸡的饮水、喂料、控温等均实现全自动化、标准化，不仅节省了养殖成本，鸡蛋的品质也得到了保证。

蛋咯蛋公司是衢江区的重点产业扶贫项目。虽然有政策支持，但企业的发展依然不是很顺利。主要原因是业务模式不完善、盈利少，公司整体经营管理不顺畅。尤其是资金短缺，让这家企业前景堪忧。

公司负责人为了解决资金问题，多次向银行提出借贷申请。但企业现状惨淡，几乎没有银行和担保机构愿意为它提供服务，蛋咯蛋公司一筹莫展。

好在他们的艰难处境引起了衢州政府性融资担保机构的注意。作为衢州山区的重点扶贫项目，又是乡村振兴大局中的一部分，衢州信保对该企业本身的发展前景进行了分析。结合前期的调查结果和信用资质审核，又经过了激烈而充分的内部讨论，衢州信保最终决定伸出援手。

在担保机构的协调下，衢州信保积极疏通合作银行与贷款途径，款项迅速落地，最终，蛋咯蛋公司顺利获得了500万元的担保增信。

不过，衢州信保和蛋咯蛋公司的故事并没有就此结束。

2020年开始，新冠疫情肆虐，国内大部分农产品的销售都遭受了冲击，蛋咯蛋公司也不例外，企业营利能力迅速下降。疫情反复似乎没有尽头，银行还款的日子却一天天逼近，企业经营者“压力山大”。

眼看着贷款将逾期却无力偿还，蛋咯蛋公司负责人汪昭英只好硬着头皮提交了续保申请。她的内心是忐忑不安的，这种进退维谷的滋味确实不好受。

这种煎熬，很多企业经营者应该都有共鸣。所幸的是，衢州信保的老伙计们又出现了。这一次，衢州信保又帮她渡过了难关。

山重水复疑无路，柳暗花明又一村，汪昭英心里充满感激。

衢州信保的同志倒是说得很轻松：“我们只是在履行职责而已。科技型、创新型的小微企业在起步阶段本就不容易。特别是蛋咯蛋公司这种农业创新型企业，关键时候拉上一把，它一定能走起来，它的发展潜力和发展前景，我们一直看好。”平实的话，显示了政府性融资担保机构的责任担当。

后来的故事不必多说，想必大家也能猜到。蛋咯蛋公司果然不负期望，依托自己的科学养殖体系，产品进入了第19届亚运会蛋类特供目录。2023年9月，亚洲各国的体育健儿齐聚杭州，都品尝到了来自衢江的优质“蛋咯蛋”。

蛋咯蛋公司的养殖基地里，现在有蛋鸡23万只。鸡舍干净整洁，自动供水设备、自动填料设备、自动粪便清理系统一应俱全。全自动化的养殖系统，实现日产鸡蛋13吨。应用新技术新方法，企业走上了科学养殖的道路。各地慕名而来的客商络绎不绝，产品畅销周边城市及全国各地。

3. 圆了“二师兄”的共富梦

视线向东转移至金华市磐安县，这也是浙江山区26县之一。浙江省担保集团的触角延伸到这里，继续上演融担“起死回生”篇章。

周朝文是磐安县文丰生态牧业有限公司（以下简称“文丰牧业”）的负责

人，从事生猪养殖。就在不久前，他刚刚经历了一场事业上的重大危机，幸亏政府性融资担保机构施以援手，才渡过了资金周转难关。

磐安素有“群山之祖，诸水之源”之称，拥有中国药材之乡、中国生态龙井之乡、国家生态县等美誉。然而，大自然是公平的，在给予磐安优良生态环境的同时，也让该地经济受制于多山地貌，发展略显滞后。

当然，这也是相对而论。浙江人头脑向来好使，聪慧的磐安人同样懂得因地制宜，利用山区县的自然条件，大力发展生猪养殖产业。

带头养猪的人里，就有周朝文。他创办的文丰生态牧业公司是磐安县最早开始从事生猪养殖行业的公司之一。在行业里深耕十余载，周朝文的公司把生产、供应、销售的活儿整得特别明白，成为当地著名的“二师兄”。

开头一切都很顺利，看着栏里成群的猪哼哼唧唧，周朝文对未来的日子充满期待。然而人算不如天算，意外不期而至，2020 年初，新冠疫情暴发，打乱了他所有的发展规划。

受疫情影响，市场对于猪肉的消费大幅下降。在生产过剩的情况下，猪肉价格持续低迷。事实上，这对周朝文来说不过是第一道难关，最关键的是，就在疫情之前，公司刚刚扩大了生产规模，在圈舍改造、品种改良、设备更新等方面投入了巨额资金，原有的收支预算出现了严重倒挂。

资金周转问题成为悬在周朝文头顶的一把利剑，随时都有可能落下，令他前功尽弃。周朝文不是没有想到贷款，可是跑到银行一问，工作人员告诉他，必须找到有资质的担保人，否则无法走贷款流程。那段时间，如何搞到钱这个难题一直萦绕在周朝文的心头，让他夜不能寐。

文丰牧业的情况引起了磐安当地一家国控融资担保公司的注意。这家公司与浙江省担保集团早有业务来往，根据担保支农政策，文丰牧业的情况应该得到支持，于是迅速派员调研走访，以期尽快帮助周朝文摆脱困局。

在一个阳光明媚的清晨，担保公司的业务员来到了盘峰乡榉溪村，文丰牧业的养猪场就建在村里一座山的半山腰上。周朝文后来回忆说，见到他们的时候，他刚起床，由于前一宿没睡好，黑眼圈很重，非常狼狈。

业务员也不生分，开门见山，直接和这位“半山猪倌”聊起近况。从企业生产经营到遇到的困难，再到企业的发展前景，并与他一同寻求解决之道。担保公司同志的出现，对于周朝文来说，就像在沙漠中见到了绿洲，多日来心中的紧张感慢慢缓释，“我几乎要流泪”，他后来说。

尽调完成后，担保机构联络当地银行，一切变得顺理成章。很快，250 万元担保贷款一锤定音。周朝文转眼间渡过了难关，“二师兄”的事业继续发展。

现在，如果有机会去文丰牧业公司，你能看到一派忙碌的景象：检疫清洗、三点式麻醉、生猪宰杀……每天凌晨，这里的屠宰车间准时忙碌起来。不到 20 分钟，40 头刚进场的生猪便可进行肉品批发配送。

周朝文还在县城开了两家猪肉制品直销门店，店里每天销售猪肉 1000 多公斤，已然成为磐安的“网红肉铺”。

生活中难免有挫折，但也会有惊喜，苦涩后的回甘总是更加令人舒心。在周朝文心中，永远记得这次颇有戏剧性的转折。浙江省担保集团与磐安担保公司扮演了一回“天降奇兵”的角色，为他送来非同一般的“及时雨”。

4. 踏遍东海碧波，说声“小岛你好”

浙江舟山市，坐落于碧波之上，被称为“千岛之城”。

舟山拥有渔业、港口、旅游三大优势。附近海域自然环境优越，饵料丰富，给不同习性的鱼虾洄游、栖息、繁殖和生长创造了良好条件，因此成为中国最大的海产品生产、加工、销售基地，素有“中国渔都”之美称。舟山港湾众多，航道纵横，水深浪平，宁波舟山港的货物吞吐量雄踞于世界之首。

但由于陆地面积较小，人口也不多，舟山市的经济总量不大，年 GDP 低于 2000 亿元，在浙江地市排名中，居于倒数一二的位置。

2021 年，浙江出台支持山区 26 县发展的方案，其中包括提供政府性融资担保服务的一揽子计划。舟山尽管未被列入山区县，但它却处于另一个端点——海岛。海岛的交通、资源同样受到严重制约，甚至比山区发展更艰难。正因如此，以“支小支农”为主责的浙江省担保集团，也主动把目光投向了海岛上的小微企业和“三农”主体，希望为他们提供必要的服务。

为此，浙江省担保集团派员专程到舟山考察，同行的有舟山市融资担保公司工作人员，双方均为省内政府性融资担保体系内成员，承担着同样的任务和使命。

舟山群岛由大大小小 1390 多个岛屿组成，其中有人居住的岛屿为 98 个。这些岛屿大多交通不便，需要舟船摆渡。在接下来的几个月时间里，担保机构的同志们不畏劳苦，走遍了定海、普陀、岱山和嵊泗各区县及主要海岛，也真正领略到了大海的滋味。从这座岛到那座岛，旅途往往以小时计。遇到风浪，船颠簸得厉害，人仰马翻、呕吐不止是很正常的事。

刺山岛、白沙岛、蚂蚁岛等 12 个海岛，是首批被列入舟山市政府《舟山高质量发展建设共同富裕示范区先行市实施方案（2021—2015）》的小岛，也是担保公司需要全面调查的目的地。渔民的船上、滩涂的养殖场里、岛上的海产品加工厂中都留下了他们的身影。通过面对面沟通，实实在在地了解海岛上的小微企业、“三农”主体和个体工商户们的需求，为海岛创设的专项融资担保产品的框架也渐渐清晰。

浙江省担保集团和舟山市融担公司积极行动，根据小岛资源禀赋和特色特征，因地制宜推进优质金融担保资源覆盖至小岛，向小微企业和“三农”主体推出了“海岛共富保”专项产品，并起了个温馨的名字：“小岛你好”。

2022年秋天，“小岛你好”在舟山落地。

蚂蚁岛上的李双安，是“小岛你好”的第一位受益者。他从事虾皮加工已有20余年，拥有一家三四百平方米的虾皮厂。多年的发展让李双安掌握了稳定的客源，每年都能接到来自山东、福建等地的订单。尽管如此，在各行各业

都陷入市场大寒冬的背景下，融资难、融资贵依旧是摆在李双安面前的两大难题。由于缺少抵押物，他的贷款需求一时难以解决。

了解到这一情况后，舟山市融担公司第一时间前往蚂蚁岛李双安的虾皮加工厂，对工厂经营情况、现场规模等进行了全面调研及分析。

蚂蚁岛，一座听上去就很小的岛屿，因轮廓酷似蚂蚁而得名。这也是一座“红色”岛屿。1958年7月，岛上建立起全国第一个人民公社，成为全国农村艰苦创业的典范，中国渔业战线的一面旗帜。“小小蚂蚁胜苏联”在20世纪

五六十年代名噪一时。如今，游客可以乘坐“红船”到蚂蚁岛，在渔业劳作区体验摇橹出海，在创业广场织渔网、搓草绳，在“人民公社”旧址重温入党誓词，小小的蚂蚁岛已经变成了远近闻名的红色打卡胜地。

担保公司对工厂实地考察后，认为李双安的虾皮厂完全符合“小岛你好”海岛共富保产品的应用条件。在担保公司的协调下，李双安顺利申请到了普陀农商银行的 25 万元贷款，且担保费率只有 0.25%，解决了资金周转难题。

“小岛你好”这一产品，覆盖面很广。海岛观光度假、海岛文化体验、海岛运动娱乐、特色渔农业、蓝碳经济等产业均适用。浙江海岛数量众多，“海岛共富保”推出后，岛民受惠良多，进一步激发了海岛的内生动力。

5. 古船木，你我的同一份情怀

在舟山，光头老李也与担保机构结下了一段传奇。

光头老李大名李海军，是舟山当地古船木文化的引路人。他痴迷于古船木的创意开发，天天做沉思状。十几年时间，让一个满头黑发的青年变成了秃顶大叔，但李海军内心依然火热，对古船木的向往依然执着。

李海军的古船木加工厂在定海盐仓。厂区门口摆放着大量的解体木船，这些都是老李制作新玩意的原材料。工厂的外墙被刷成粉红色，上面有奇异的图案，在粗放的环境中独显一分别致，也透露出老李的艺术家气质。

工厂内部，则是另一个天地。待加工的船板、切割机床、各式加工工具琳琅满目。李海军一副胸有成竹的样子，正在给工人和学徒们做培训："老冯，这块板肯定是削薄了，不达标啊。""小丁，你选的那块是船底木，过水太严重了，拿来打椅子肯定是不行的。"语调带着浓厚的舟山口音。

李海军成天就泡在他的加工厂里，大大小小的产品他都要过问。如果还有空闲，他会到新城体育馆的展示厅开直播带货，给直播间里的粉丝介绍古船木文化和厂里的产品。李海军很享受直播这个过程，而且下单的人不少，对公司来说也是一笔重要的收入。木制桌椅、砚台、烟灰缸、木版画等是直播间的热销品，工人们有时需要马不停蹄地赶制。

从事古船原料的创新开发，对于传承海洋文化有特别意义，这也成了李海军的情怀。但情怀不能当饭吃，传统行业的延续并不容易，特别是像老船木这样的玩意儿，属于小众产品。这不，老李便为资金周转犯愁了。

舟山担保机构的出现，让老李松了口气。

老李在舟山小有名气，当地担保机构一直关注着古船木加工厂的发展。这份从业者甚少的传统文创事业，也完全在担保机构的服务范围内。

在担保公司的支持下，老李获得"双保"助力融资担保 200 万元的贷款，2022 年又增加到 500 万元。这个额度，让李海军非常满意。为了进一步减轻老李的经济压力，舟山融担公司又主动减少了 50% 的担保费用。

担保助力，像是一阵清风吹进了古船木加工厂，吹散了盘踞在老李头上的一团阴云。那一刻，老李的感动无以言表。

有了资金，李海军组建了更专业的产品设计、销售和宣传团队，并拓展了淘宝、抖音等线上销售渠道。现今，老李的线上销售额已经占了销售总量的三分之一，吸引了不少来自加拿大、日本等国的订单，生意一天比一天红火。

第二节　与“千万工程”同行

“千村示范、万村整治”工程，也就是常说的“千万工程”，是浙江“绿水青山就是金山银山”理念在基层农村的成功实践。浙江自2003年全面推进“千万工程”以来，实实在在造就了无数的美丽乡村。从美丽生态、美丽经济到美好生活的“三美融合”，农民生活水平不断提升，浙江农村的面貌日新月异。

“千万工程”也引起了世界的关注。美国时间2018年9月26日上午，联合国的最高环境荣誉——“地球卫士奖”颁奖典礼在联合国总部举行。浙江省“千万工程”被联合国授予“地球卫士奖”中的“激励与行动奖”。

在“千万工程”的实施过程中，浙江省担保集团发挥着自己的重要作用。

1. 山的那边，有一个古老的村落

明果村是衢州市衢江区杜泽镇的一个小村庄，坐落在衢江河谷北面。因地处浙西山峦，是名副其实的“偏远山区”。到最近的“城市”杜泽镇有十几公里，离衢州市区近40公里，到杭州更是有3小时的车程。

去明果村的路崎岖蜿蜒，途经杜泽镇时，镇上的人指着西北方向的大山说：“明果村就在那座大山后面。进山的路可不好走，开车要慢点。”

明果村由7个自然村组成，区域面积12.55平方公里，全村有1143人。村落历史悠久，民风淳朴，境内山清水秀，风景优美，还有一座千年古刹明果寺。尽管地处山区，交通不便，但自然条件并不差。

然而，观念落后、交通不便制约了村落的经济发展。明果村原先的主要产业是生猪养殖，几乎家家户户养猪。原始粗放的养殖模式，导致村内污水横流、土质恶化。村内明果溪因为氮磷超标，水质一度变成了劣五类。村经济发展并未因此改善，恶劣的环境反倒让想来明果村投资的商人们望而却步。

村干部们也意识到这个问题，在上级指导下，村里搞起了生猪养殖业整规行动。行动搞得热火朝天，猪舍的数量快速减少，村庄环境有所改善。但是新的问题来了：不养猪，村民们要怎么继续生活下去？村集体的收入要靠什么维

持？打造“美丽乡村”的钱在哪里？明果村的未来何去何从？

2018年，浙江省启动了“千企结千村、消灭薄弱村”专项行动，这是浙江继续向集体经济薄弱村宣战的又一重要举措。按照行动计划，2018年发动千家以上企业与重点薄弱村结对，形成一批带动作用明显、示范效应良好的帮扶项目；2019年底，努力推动结对村集体经营性收入达5万元以上，全面完成结对村“消薄”任务；到2020年，形成长效“造血”机制，帮助结对村建立符合市场要求的集体经济运行新机制，实现年经营性收入10万元以上。

在这一行动中，浙江省担保集团率先与衢江区杜泽镇明果村建立结对帮扶关系。2018年5月8日，集团主要负责人一行来到了明果村，就乡村振兴专项行动进行对接，并开展实地调研。衢江区和杜泽镇负责人、明果村村干部参加对接工作，双方召开了座谈会，并正式举行了结对帮扶签约仪式。

担保集团领导在现场表示，将以铁的决心完成这项任务，明果村不“消薄”，集团不“退兵”。同时提出，集团将和明果村共抓党建引领，开展党建联建活动，充分发挥党组织政治引领作用，促进双方共同发展。

通过前期调查，集团针对明果村的环境治理、道路通畅、产业规划等一揽子问题，提供了帮扶方案。集团充分发挥为“三农”融资担保服务的优势，合理利用当地担保公司、银行等其他资源，结合明果村产业发展实际，协同区、镇、村各方力量，寻求支持明果村集体经济可持续发展的有效途径。

陈科元是浙江省担保集团派往明果村的驻村干部，他当时的职务是杜泽镇党委副书记、明果村第一书记，结对帮扶的执行重任，便落在他的肩上。

2. 把帮扶工作落到实处

陈科元至今仍记得第一次去村里的情景。那是一个雨天，河道中污水流淌，被拆除的猪舍东倒西歪，泥泞的土地把工作组人员的鞋子都吸住了，村里弥漫着猪粪的“清香”……青翠的远山和近处的脏乱形成了强烈的反差。

当务之急，就是解决环境问题。工作小组和明果村干部碰头之后，大家达成一致意见，决定把整治明果溪列为首要任务。

为了给村子争取整治改造所需的资金，担保集团的工作人员多次往返省城和衢州之间，又辗转到政府部门、银行等处协商。没有人知道他们到底打了多少通电话、发了多少条微信，更不消说那些商榷多轮的会议和各方往来的文件。经过浙江省担保集团工作组的不懈努力，400 万元美丽乡村建设专项资金终于到位。

村民们终于等到了开工的日子，施工队的挖土机出现在进村的路上，混凝土搅拌车的隆隆声传遍山野，所有人都在期待变化的发生。

数月后，明果村的几条主干道都铺上了水泥，村民的村舍换上新装，村里的运动场地和公园布局有序，新建的村民活动中心顺利开张。人们再一次看见清澈的溪水从大山里潺潺而下，溪边的野花又茂盛起来。

明果村实现了“旧貌换新颜”，但陈科元知道，整个帮扶计划仅仅实现了一半。下一步需要做的是尽快让老百姓的腰包鼓起来。

担保集团的工作小组开展了新一轮调研分析。现实情况是，村里山地不少，但主劳力外出务工多，造成土地抛荒。如果把这些山地利用起来，发展特色农业，那么明果村的优势就形成了。这种方式比用资金直接“输血”要好，它将给明果村自带来一项可持续的产业，让村民们自己“造血”。

找准方向后，陈科元和他的同事们又忙碌起来，村内土地流转和发展特色农业成为乡村振兴的新突破口。发展特色农业所需的资金，由浙江省担保集团牵头，协调地方担保机构，向银行贷款解决。效果是令人欣慰的，两年后，明果村漫山遍野种满了香椿、黄菊，竹山的脚下种上了中药材白及。此外，在明果寺附近，还开发了20余亩禅茶基地。这些经济作物每亩的净收益可达5000~6000元，特色农业让村民们的收入倍增。

“这两年村子的环境大变样，产业也发展起来了，这可多亏了陈书记带来了省里的好政策。”明果村的老党员朱海世感叹道，作为村子变化的亲历者，他说出了众多明果村民的心声。

3. 明果村的华丽转身

朱海世口中的陈书记，就是浙江省担保集团的驻村干部陈科元。自从来明果村以后，陈科元一直在思考，怎样才能推出一些富有针对性的山村专项担保产品，这也是他驻村期间的工作任务之一。陈科元认真研究了各省、各地市的优秀融资担保案例，准备将其中合适的担保产品应用到对明果村的提升改造帮扶上。

在陈科元等人的建议下，省担保集团与深耕衢州“三农”市场数十年的农业银行衢州分行达成合作，在明果村推出了“乡村振兴（扶贫）保”专项担保产品，解决了当地农户贷款难、手续繁、抵押要求多的问题，村集体和越来越多的村民都享受到了高效、便捷且极为优惠的金融服务。

蜂农郑银泉就是这款“乡村振兴（扶贫）保”的受益者。他原本只有20箱蜜蜂，一年挣不了多少钱。在陈科元以及浙江省担保集团的协助下，老郑成功通过了贷款担保的审核，养蜂规模一下子扩大到了80箱。如今，郑银泉的养蜂基地已经拓展到村外，年产近200公斤蜂蜜，至少能多挣3万元。

郑银泉用担保获得贷款的事成了村里的美谈。在此之前，大多数村民甚至不知道担保服务的存在，也不知道担保产品的作用和价值。陈科元在驻村的2年时间里，积极宣导，使村民们对政府性融资担保业务有了更深的了解。他们还会主动来找陈书记了解最新的担保政策和担保产品。与此同时，省担保集团的资源也被不断地输送落地，为明果村更多的村民带去了“真金白银”。

经过几年的努力，明果村的改造已颇有成绩，本土产业的潜能被开发出来了。那么，是否有可能借助外力，进一步发展村子呢？顺着这个思路，担保集团的工作人员和村两委把注意力转移到发展乡村旅游项目上来。

除了秀美的风光、清新的空气，村中的明果寺在周边也是小有名气。当地流传着这样的传说：明果寺边有草鞋岭，岭上住着一位草鞋仙，曾医好武则天的恶疾。武则天亲赐“明果寺”三字，以示皇恩浩荡。

围绕“千年明果寺”这一旅游主题，浙江省担保集团与村两委一同规划，开辟了观景平台百荷苑，铺设了1200多米的亲水游步道、700余米的登山道，还打造了回龙潭等景点。在寺庙周围，开发了禅养生态休闲观光园，与祈雨感应香亭、祈福林相映成趣。2700多平方米的停车场、休闲文

化广场、民宿等配套设施也纷纷建成，村庄的整体景观进一步完善。

村子里还建起了休闲康养基地，每年可为村集体增加 10 万元收入。到 2022 年末，明果村年度集体经营性收入已经达到 52.4 万元，浙江省担保集团提前 3 年实现了帮扶目标。

村经济发展了，村民收入提高了，但省担保集团的结对帮扶工作仍在继续。集团每年都会向低收入农户发放慰问金，在七一建党节前对老党员进行慰问，对学习成绩优异但是家庭困难的学生进行定向资助。这些活动，不仅让明果村的老百姓得到了实惠，也成为集团党建工作的重要组成部分。

今天的明果村，已成为一方山清水秀的康养之地，假日间游客如织，热闹非凡。住在弥漫着古朴禅意的心舍民宿，泡一杯清香扑鼻的菊花香茗，深度体验千年明果寺的文化脉络，已成为游客来此的必选项目。

“浙担人”在此付出的心血，已经有了良好的回报。

4. 为乡村文旅融资赋能

乡村文旅运营是一项具有创新性、专业性、复杂性的系统工程。2017 年，浙江首次提出“万村景区化”战略，这一战略是践行“绿水青山就是金山银山”，实施乡村振兴战略的创新实践。自此，浙江从美丽乡村建设的“环境美”向“发展美”转型，从美丽乡村的诗画景色向美丽经济的富民目的转变。

顺应全民休闲度假的时代趋势，浙江省率先迈入“村”时代，通过“旅游＋”推进乡村产业的融合发展，激发、吸附和释放环境生态优势，使村庄生态、生产、生活有机结合，最终构建一个个充满诗意栖居概念的景区村庄。

从“美丽乡村”到“美丽经济”，是“千万工程”的进阶目标。实现这一目标，离不开融资，各级政府性融资担保机构在其中发挥着重要作用。

在浙江省绍兴市上虞区章镇镇，有一个张村村。这是绍兴市第一大村，也是绍兴市首批新农村、中心村之一，由原张村、东风、甘大、东方 4 村合并而成，全村地域面积 16.5 平方公里，有 24 个村民小组，1000 多户人家。

张村有一片 600 多亩的樱花林，每年春天樱花盛开时，这里就像粉色的云海，绵延于山谷中，十分美丽。张村以“最美樱花谷”出圈，凭借的不仅仅是景色，还有政府性融资担保的支持。

张村是浙江省首批 AAA 级乡村旅游示范村、浙江省 AAA 级景区村庄。近年来，随着张村樱花节声名鹊起，游客越来越多，但村子里过去的旅游服务配套设施相对落后，特别是在客流高峰时，民宿一房难求，餐饮客满排队，停车车位紧张。张村想要提升旅游相关配套设施，就需要一大笔资金。但由于村中缺乏抵押物，村干部跑了很多地方都没有贷到款。

2021 年，浙江省担保集团了解张村面临的发展问题后，联系协调绍兴市融资担保公司前往考察调研，为其量身定制了金融担保服务产品，连续两年为张村做了担保贷款，第一年提供担保融资 500 万元，第二年提供担保融资 1000 万元。

有了政府性融资担保的帮扶，张村面貌发生了很大的变化。村里修了建省级美丽公路、骑行道、休闲长廊、农耕文化园等等，2023 年，张村还恢复了停办3年的樱花节，全国的游客慕名而来，这里一跃成为“网红”打卡地。

当前，浙江乡村文旅发展如火如荼，无论是发展规模、速度，还是乡村旅游体验，均走在全国前列，但是也存在产品力较弱、整体性较差等问题。诗画浙江、活力乡村，该如何奏响浙江乡村文旅运营的“共富曲”，这既需要各级政府的思考，也需要有政府性融资担保机构的助力。

如同张村一样，浙江许多乡村文旅项目都得到了政府性融资担保机构的支持。据统计，截至2023年10月末，全省政府性融资担保机构共开展乡村文旅担保业务838笔，为省内783户民宿、农家乐、农场、农旅综合体等新型农业经营主体提供担保融资10.34亿元，直接带动农村劳动力就业岗位增加近4700个，扶持1100余户低收入农户实现稳定增收，促进村集体增收超过6200万元。

全省政府性融资担保机构的助力，为浙江乡村文旅产业搭建了更加广阔的运营舞台，促进产业强化顶层设计、做好全流程管理、打造标志性成果，通过先试先行的“浙江模式”，推动浙江乡村旅游始终走在全国前列。

第三节　科创人的春天

科技创新离不开金融的助推和支持，培育扶持一批创新能力强、发展前景好的人才科创小微企业，更需要畅通的融资渠道和良好的金融环境。

现实情况是，大批科创型中小微企业存在轻资产、无抵押的特点，融资难、融资贵往往成为阻碍该类企业发展的共性问题。因此，浙江省担保集团作为政府性融资担保企业，一直关注科创类企业，在其发展过程中发挥着重要的作用。

省担保集团充分发挥政府性融资担保体系的龙头作用，先后出台了支持制造业高质量发展、支持“专精特新”中小企业高质量发展等专项文件，创设“人才科创保”“专精特新”等担保产品，精准支持人才科创企业发展，护航“科创飞地”企业，打造创新型产业集群。同时指导市县担保机构因地制宜创设具有区域特色的人才科创类产品，服务全省科技创新和人才强省的发展战略。

1. 帮扶“小巨人”成长

任何事情的发展都不可能一帆风顺，这一规律在科创型公司身上更为常见。在我们身边，总有那么一些科创小微企业，虽很有特色，未来也很有想象空间，但因为在起步阶段缺乏资源或资金支持，最终无法前行，半路夭折。

政府性融资担保机构的出现，为这些小微科创企业送去了温暖。

杭州汇萃智能科技有限公司（以下简称“汇萃”）是一家从事通用智能高速机器视觉平台研发及生产的企业，其核心产品在时下市场中需求巨大。

在这个时代，大到汽车、家电制造，小到药品食品包装，都离不开数字化的智能装备。在现代化的生产线上，机器人能够精准操作，是因为它们拥有一双“慧眼”。机器视觉代替人眼做测量和判断，可以做到分毫不差。

汇萃提供的就是机器视觉核心技术，可提升和改造生产线的自动化与智能化程度。在这个行业中，他们属于第一梯队的高新企业。

汇萃虽是“小巨人”企业，但公司处于起步阶段，各项业务还在发展中。

每一项机器视觉算法技术，需要根据不同客户的生产线进行试用匹配，以求达到最优状态，这个过程通常需要一年半载的磨合期。这也造成了企业的经营回款周期被拉长，人工成本增加，流动资金出现短缺。

汇萃的老板周才健是美籍华人，从国外带回的技术经验原本是帮助他开拓事业的一柄利器，但外籍的身份却成为他在国内融资贷款的阻碍。因为国籍的特殊性，加上企业本身缺少可抵押的资产，周才健直接从银行获得贷款难度很大。这可把周老板难住了，一时间不知该怎么办。

就在这时，浙江省担保集团的小李等一行人来了。

那天，省担保集团的工作人员恰好围绕科创型企业和人才的融资担保服务，在杭州未来科技城等地进行走访调研。在调查中，他们发现汇萃的技术在行业内是一流的，有独特的竞争优势，但遇到了融资难题，所以主动上门来排忧解难。

“我们之前也做了点功课，听说您这边需要申请1000万元的担保贷款，我们可以提供服务。”小李说明了自己的来意，让周才健喜出望外。

但周老板还是有些疑惑：“我是外国籍，你们能提供担保吗？”

“周老板，你说的这些问题都可以解决。省担保集团在杭州城西成立了人才科创担保分公司，就是专门服务像你们这样‘专、精、特、新’的科创企业的，而且根据集团现在的政策，可以走‘人才科创保’，不需要抵押物。”

“贵企业的情况我们基本了解，担保业务手续流程也很简单，费率是全省最低的。你的贷款很快就会到位的，放心吧！”

听了小李的解释，周才健像吃了定心丸，烦恼一扫而空。于是，他带着大伙儿去参观他从国外购置的新机器。说到企业的发展构想和公司的核心技术，周才健就滔滔不绝了，言语间的那种自豪，让旁边的听众也很受鼓舞。

1000 万元贷款如期到账，汇萃渡过了阶段性难关。不久后，公司又通过浙江省担保集团的融资担保，再获 1000 万元贷款，企业发展走上了正轨，扩大了生产规模，核心技术员工达到 200 余人。

关于企业下一步的发展，周才健说，他的目标就是在机器人、高端制造及智能制造领域继续深耕，希望尽快把公司做大做强，进入资本市场，把汇萃这个“小巨人”变成真正的“巨人”。

2. 科创飞地，平稳落地

挑西瓜是有窍门的，根据生活经验，一般是看瓜皮颜色，越绿越深的肯定越甜，或者用指节敲两下，声音越脆的越新鲜。

当然不一定准确，失手的概率还是很大的，更多是赌运气。每次买到半生的或者熟过头的西瓜，多少会有些懊恼，但也无可奈何。

人没有透视眼，这个看似无法解决的问题，机器却可以轻松解决，而且这样的机器已经问世了。这套神奇而又实用的装备来自浙江开浦科技有限公司（以下简称“开浦科技”），它可以通过先进的声学检测和光学技术，自动对西瓜品质进行判断和分级，它筛选出的西瓜，百分之百是汁多味甜的好瓜。

眼前闪过这样的画面：一个个西瓜排队穿过机器的“触手”，滴滴声中，屏幕上弹出一串串指令：“熟透”“味道好极了”“还嫩着呢”……初听起来，这家公司好像有点不务正业。选西瓜多大点事？还要开家公司一本正经来研发设备，而且居然还被列为科创企业！

其实不然，传统农产品销售好次不分，价格也一样，消费者购买时只能靠自己挑挑拣拣。这在小农经济时期问题不大，但在大规模生产的状态下，农产品良莠不齐混在一起，必然会导致生产者定价模糊，最后蒙受损失。更何况，新鲜果品保质期短，靠人工筛选费时费力，也不准确。这套工具其实是农业自动化的重要组成部分，其背后的价值不可小觑。

开浦科技位于杭州未来科技城丽水数字大厦内，是一家专注于研发农产品智能分选装备的科技型企业，也是丽水市的一家“飞地”企业。所谓“飞地”，是区别于“本地”的一种说法，是指公司注册地和办公地不在同一个地方。开浦科技的注册地在丽水市，办公经营地点却在杭州市。

公司负责人李麟毕业于浙江大学控制专业。他早年有在欧洲工作的经历，看到当地成熟发达的现代化农业，很受触动，便留意学习，慢慢积累知识，掌握了相关核心技术。回国后，他成立了开浦科技，其创业初衷，就是要推动中国农业的转型升级，利用人工智能技术，把控农产品的品质安全。

李麟的公司成立后，发展迅速。从 2020 年开始投资建工厂，不到 2 年时间，农产品分选装备就顺利上市了，而且广受用户欢迎。

每年水果丰收季，也是机器装备交付的旺季。但这个本该最令人欣喜的旺季，却也是李麟最焦虑的时候。原因是设备交付期的流动资金压力太大了——水果保供期短，果农天天催设备，但大部分款项是要在产品销售后支付的。作为设备供应方，需要大量的流动资金，为这些设备垫付成本。

李麟也向银行求助过，结果基本和其他科技型企业一样，往往是因为资产轻、无抵押物而望洋兴叹。再加上“飞地”企业的特殊属性，在杭州融资困难，在丽水融资手续同样十分复杂，资金周转问题一时难以解决。

2022 年 6 月，开浦科技进入了浙江省担保集团视野。在初步了解情况后，集团召开了专门的业务讨论会，各方一致认为，农业智能化科技企业难能可贵，遇到了资金困难，提供融资担保理所当然。而且从政策角度来说，开浦科技这样的企业，本来就是政府性融资担保机构的重点服务对象。

省担保集团与开浦科技接触后，很快推进流程。随后，担保工作人员对企业运作情况和融资需求进行了全面了解，又与合作银行沟通协商。从制定方案到出具保函，再到发放贷款，只用了短短一个星期时间，开浦科技就顺利收到了银行发放的 300 万元贷款。

解了企业之急，李麟感叹说：“我们算是尝到担保服务的甜头了，政府性融资担保政策，确实对人才、科技企业非常友好。”几天后，他邀请担保集团为他忙碌的业务人员到公司小坐。会客室中，几个剖开的大西瓜正摆在众人面前：“这是我们设备遴选出来的当季最好的西瓜，其中也有各位的功劳。”

瓜甜、人乐，一时间满室欢声。

如今的李麟笃定了许多，因为他知道自己不是一个人在战斗，还有像浙江省担保集团这样的伙伴站在自己的身后。在他的规划中，开浦科技未来必将成为全球农产品商品化技术装备的引领者。

3. 神奇的“鱼菜共生”系统

在湖州德清县的一座废弃矿坑里，可以看到这样的奇观：原本开矿裸露的岩石面，大部分已经复绿。几幢经过精心设计的建筑分布在矿坑底部。建筑物内，随处可见大大小小的圆形水池，上面层层叠叠搭着植物架子。植物的藤蔓

自水池之中开始延伸向上，爬满了支架。再细看，水池中有成群的鱼儿围着植物根部嬉戏，架子上藤蔓绿意盎然，一根根黄瓜正在恣意生长。

眼前的这一整套，叫“鱼菜共生”系统，是德清百源康生态农业有限公司（以下简称“百源康”）的杰作。简单说，这里的植物是以鱼类的排泄物经微生物分解后生成的物质为养料；而蔬菜在生长过程中既净化了水质，藤蔓的分解物又可以喂鱼，为鱼类创造了更优的生存环境。这样形成循环，实现零排放零污染。

当然，厂区内的植物不止黄瓜，还有其他品种的蔬菜。工作人员亲昵地把这套系统培育出来的蔬菜，统统称为“鱼菜”。

“鱼菜共生”的原理不算创新，千百年前，湖州就有了类似的“桑基鱼塘”系统。在太湖南部的低洼一带，湖州先民修筑了能排涝防洪、引水灌溉的“溇港圩田”水利工程，又将地势较低处挖深变成鱼塘，挖出的塘泥则堆放在水塘四周作为塘基，逐步演变成“塘基上种桑、桑叶喂蚕、蚕沙养鱼、鱼粪肥塘、塘泥壅桑”的“桑基鱼塘”系统。这种典型的传统农耕生态循环系统，对生态环境几乎没有污染，其中展示的智慧，令后人感叹不已。2017 年，湖州的“桑基鱼塘”系统被认定为全球重要的农业文化遗产。

“鱼菜共生”与“桑基鱼塘”略有不同的是，它把自然环境变成了人工环境，而且实现了无土植物栽培，进一步放大了生态循环的效果。可以说，这是在传统农耕文明基础上的高科技创新，巧妙地将“工厂化循环水养殖”与“无土蔬菜种植”两种技术融合，达成一种新的生态平衡，实现复合种养。

百源康是一家致力于将植物工厂与循环水养殖技术结合的科技型农业公司。依托新技术，已经实现了“养殖不换水，种菜不施肥”的良好效果。其本质，是一整套智慧的生物农业系统。根据预测，“鱼菜共生”的蔬菜单位产量是普通种植的 10 倍以上，而鱼类产量更是池塘养殖的 20 倍。

不过，好事多磨，绿色创新的道路也布满荆棘。随着市场的开拓和新基地建设，百源康面临流动资金紧张的局面。由于鱼类和菜类生长对温度、pH 值等均有不同的需求，需不断更新设备。同时，研发过程中还会消耗很多鱼苗及菜种，公司迫切需要增加投入来添置设备，加大科研力度，提高生产量。

对科技创新型企业来说，技术、想法、拼劲都不缺，但往往是“一分钱难倒英雄汉”。原因也是千篇一律，资产轻、缺抵押物。

这时，政府性融资担保机构的作用就显现了。为百源康提供融资服务的是湖州融担，该公司在德清有一个办事处，了解到百源康遇到了经营困境，他们立刻行动起来，主动为企业排忧解难。

事情进展得非常顺利，百源康的负责人怎么也没想到，居然只用了短短 3 天，就收到了他们想要的全额信贷担保款，“融担速度”令人惊叹。

好雨知时节，湖州融担的担保服务犹如一场及时雨，为鱼苗换上了活水，为蔬菜洗净了尘埃。百源康负责人感慨地说：“担保公司让我有了底气，我们像是事业上的伙伴了，如同另一种‘鱼菜共生’系统。”

4. 有“料”的电缆厂

“多亏温州市融资担保公司的支援，我们申请的 700 万元融资贷款终于到账了。”困扰了永电电缆集团（以下简称“永电电缆”）多时的资金周转难题终于得以解决，正是政府性融资担保机构的助力，才让这家企业负责人长舒了一口气。

永电电缆是温州瑞安的一家工业企业，主业是电线、电缆的研发、生产和销售。一进入大门，“国家高新技术企业”几个大字赫然在目，厂区内成捆的电缆线盘整齐地码放着。看得出，这个厂实力不弱。

“我们需求旺，订单多，对未来发展很有信心啊。但是我们目前缺的就是合格的抵质押物，别看我们这儿的电缆多，但是金融机构的纯信用信贷不认这个。”被融资难卡住发展脖子的永电电缆负责人显然很心焦。

永电电缆属于高技术含量、高附加值、高成长性的企业，其自主研发生产的新型绝缘电缆产品，耐腐蚀性能好、阻燃性高、抗干扰能力强，可以适应各种恶劣的环境。他们有多项专利，还获得过省级、国家级奖励。但电缆行业普遍存在“料重工轻”的特点，以铜为代表的原材料在产品成本中占比较大，生产成本投入较高。因此，该类企业往往需要大量、长期性的资金投入。

温州融担的工作人员这次来，就是要解决永电电缆的这个难题。

永电电缆的发展潜力是毋庸置疑的，它的产品兼具创新性和实用性，市场前景广阔。而且在经营中，企业的征信记录一直保持良好。经过调查和信用评级，温州融担公司认为，这样的企业完全符合政府性融资担保准入条件。

之后的事情就顺理成章了，温州融担公司联动合作银行，很快为永电电缆搭建了融资渠道，凭借信用增级、风险分担和降费让利等一系列操作，企业所需要的金融贷款及时到账，生产进入良性循环。

事实上，温州融资担保公司还为很多类似的企业提供了更为广阔的融资通路。比如，联合温州银保监分局及浙江省融资再担保公司，在小微企业、生产型企业、制造业间推出了“双保”应急融资机制。企业可以通过“浙里办·浙里掌上贷”提出申请，争取专项用于订单生产的资金需求，也可申请用于支付员工工资、水电费用、租金等刚性经营性支出的资金。浙江省担保集团数字赋能下的创新服务，让企业的融资变得更加容易。

第四节　为你插上翅膀

残疾人是个特殊群体，在实现共同富裕的路上，他们同样不能掉队。习近平总书记指出，让广大残疾人安居乐业、衣食无忧，过上幸福美好的生活，是我们党全心全意为人民服务宗旨的重要体现，是我国社会主义制度的必然要求。

2021 年 8 月，中国残联出台《关于支持浙江残疾人事业高质量发展促进残疾人共同富裕的实施意见》，支持浙江省在共同富裕示范区建设中，同步促进残疾人全面发展和共同富裕。

事实上，浙江的残疾人保障事业，一直走在全国的前列。

1. 残疾人投身“双创”书新章

2015 年开始，“大众创业、万众创新”的号角在浙江吹响，一股全民创业之风在之江大地拂过。其中，也有不少残疾人投身“双创”，成为新亮色。借船电子商务出海、借力个人专长成就事业、依托政策东风实现理想……浙江的残疾人群体，每天都在做用创业诠释梦想的努力。

那些动人的故事依然散落在互联网的记忆中。

杭州富阳区的陆晓英，如今家中每天都会迎来许多村民。他们通过陆晓英的电脑在网上下单，购买看中的商品。在陆晓英家门口，一块“电子商务服务站”的招牌十分显眼。8 年前因车祸不幸致残的她，开始加盟某电商网站，并在电商平台的帮助下于自家建起了服务站，干得风生水起。

通过互联网、电子商务创业，已成为浙江残疾人创业的主流方式。金华市听力二级残疾的小伙子钟伟，和妻子开起了淘宝店，专营宠物用品。他毕业于中南民族大学，有着扎实的计算机基础，凭借着精准的市场定位和贴心的售后服务，夫妻俩把淘宝店经营得红红火火，一年的营业额就超过 150 万元。

在杭州市萧山区靖江街道，通过打造电商孵化基地，25 户残疾人家庭在家开起了网店；在丽水，2022 年以来已有近 700 名残疾人从事电子商务；在台州市天台县，已有上百名残疾人通过创业园加入网络创业潮流中。

依托电子商务创业，是时代给予残疾人的馈赠，众多残疾人凭借个人的一技之长，开启人生创业篇章，走出了新的精彩。

位于杭州市上城区的天健石室工艺品店的老板孔黎翔被誉为“神足艺术家”，因为他能用双脚篆刻印章。从小失去双臂的孔黎翔，在病床上学会了用脚写字，凭借对书法篆刻的苦心学习，开了这家工艺品店。

杨迪是一位听力一级残疾人，也是一位瓷器彩画师。她创作了多件绘有各国国花的精美瓷器，深受顾客喜爱。如今，创业在浙江正从行为演变为一种精神层面的奋进，而这，也引导着越来越多残疾人开启了全新的生活。

通过自身技能创业的同时，社会公益力量的加入，也为更多残疾人实现自身理想搭建起便捷桥梁。杭州市上城区专为残疾人打造的文创产业就业基地“阳光艺术中心”，也成为残疾人创业路上的重要帮手。

为了让残疾人创业更简单便捷，提供政策护航显得尤为重要。

早在 2015 年，浙江就出台了《浙江省人民政府关于支持大众创业促进就业的意见》，将残疾人作为创业就业重点人群，细化了有关证照费用减免、税收优惠、创业担保贷款及贴息、一次性创业补贴等政策。第二年，又出台《浙江省人民政府关于加快推进残疾人全面小康进程的实施意见》，提出全力推进残疾人就业创业、对自主创业予以补助、推动建立残疾人创业孵化机制等一系列“红利”内容。

除了省级层面的政策，在浙江各地，政府为推动残疾人创业也提供了充足的“阳光雨露”。在宁波北仑区，电子商务产业基地专门开设残疾人分销平台，依托北仑港强大的企业产品资源和丰富的电商运营经验，培训并帮助残疾人分销，确保残疾人拿到稳定、合理的收益；丽水龙泉市依托专业公司，为残疾人提供了金融支持、免费培训、选货选件、热销货源提供和打包发货一站式保姆式的电商服务……作为政策红利的受益者，残疾人无疑有着最真实的感受。

在众多的政策红利中，为残疾人企业提供专项融资担保，也成为浙江省担保集团及整个浙江省政府性融资担保体系的一项重要的服务。

2. 可圈可点的“助残创业保”

浙江省担保集团落实中国残联、省委、省政府的指导意见，统筹协调政府性融资担保体系积极探索在金融领域的助残新举措，推动我省“助残共富”。

集团率先与绍兴融担成立“善担善为·同心助残”党建联建，以“锤炼党性修养、联建助残队伍，坚持服务中心、联办助残活动，发挥集聚效应、联享优势资源，践行初心使命、联树先锋形象”为目标，着力建强先锋阵地和战斗堡垒，扎实打造政府性融资担保特色党建助残的服务品牌。

此后，一款名叫“助残创业保”的专项产品出台，绍兴残疾人张奇奇和她的布鞋品牌“千针布百”，就是“助残创业保”的受益方。

在绍兴市越城区袍渎路上一个纺织园区内，老远就能听到规律的缝纫机声。顺着声音向前走，可以看到绍兴安奇鞋业有限责任公司的招牌。安奇鞋业的老板张奇奇，就是“千针布百”布鞋品牌的掌门人。

张奇奇老家在绍兴袍谷乡里谷社村，村里几乎家家都做布鞋。张奇奇一家几代也都是以此为业。“我走上这条路，和家族传承有很大关系。”她说。

张奇奇是一位先天性下肢残疾的“80后”。既然天生如此，不如坦然接受命运，乐观好强的张奇奇不仅考上了大学，毕业后还在外贸公司做得小有成就，一路升到了经理，可她的心中，却一直记挂着日渐没落的“祖业”。

因为从小就耳濡目染，张奇奇深知手工布鞋的优势和价值。思考再三，她辞去了不错的工作，全身心投入了布鞋制作行业。

绍兴市成立了一个帮助残疾人创业就业的孵化基地，张奇奇入驻园区并创办了安奇鞋业公司，开始了企业化规模经营。

张奇奇在孵化基地中租用了一个400平方米的大厂房。她选择在春天搬了进去，想讨个“春暖花开”的好彩头，没想到却遇到了“倒春寒”。搬迁的欣喜还没维持多久，公司就遇到了资金瓶颈。张奇奇先是向残联求助，可残联的无息创业贷款额度有限，杯水车薪，不足以覆盖公司的资金需求。

这时候，绍兴融担的业务员小陈来到工厂，为她提供了贷款担保。政策赋能的过程大同小异，提交审批没过多久，30万元贷款就到账了。

小陈后来回忆说：“我们第一次见奇姐的时候，她正坐在办公桌前发愁呢。残联的人说这个布鞋的手艺很珍贵，荒废了可惜，让我们来看看有没有什么能帮忙的。巧的是，正好那会儿省里来了政策，绍兴融担推出了一个叫‘助残创业保’的产品。对奇姐这样的自主创业者，还能免收担保费。”

回想融资担保的经历，张奇奇也是感慨不已：“没钱什么都办不了，绍兴融担的公益贷款真的帮了我很大的忙。小陈姑娘那会儿三天两头往我这儿跑，想的就是赶紧帮我把事情办下来，我真的太感谢他们了。”

有了这笔钱，张奇奇的文创布鞋顺利上市。在各方的帮助下，半年的销售额就达到 60 万元。张奇奇和她的“千针布百”，如今已小有名气。

一双手工千层底布鞋纳鞋底需要 2100 多针，手工制鞋纳千层底从制浆到糊料到成鞋，包含 10 多道大工序、90 多道小工序。张奇奇现在是绍兴越城区非物质文化遗产项目“千层底布鞋制作技艺”的传承人。这个看似瘦弱的农家女子，靠着祖传制鞋技艺和不服输的精神，带动了周边村民、残疾人就业。

安奇鞋业现在有员工 30 余人，其中部分是残疾人。他们的手艺活精细灵巧，能在工作中找到自己的价值，获得一些收入，他们无比自豪。张奇奇将心比心，希望尽自己的力量带动更多残疾人就业和致富。

3. 绍兴的助残新思路

绍兴融担当然不会就此停步，不久后，又与绍兴特殊教育中心学校签署了一份金额达 10 亿元的“助残共富金融服务”战略合作协议，将潜在帮扶对象列入“名单”，共同促进残疾人就业和创业。

在担保机构和其他部门的帮助下，绍兴助残做得有声有色。

在绍兴市城东的一家超市中，一处为残疾人创业者开辟的专柜颇为显眼。专柜上方印着两行字“用心上架是他的全力以赴，轻轻带走是您的浓浓爱意”。专柜商品物美价廉，吸引了不少消费者。其中，就有张奇奇的手工千层底布鞋、牡丹花开丝巾、淡水珍珠胸针，如果不是硕大的展板提醒，你很难将货架上的商品和一群特殊的创业者联系在一起。

这里的淡水珍珠胸针，出自诸暨山下湖一家由语言交流能力缺失者经营的企业；牡丹花开丝巾上的图案出自一名孤独症青年的笔下；卡通婴儿袜源自百余位下岗妇女和残疾朋友参与的“制袜工坊”……这些产品与“千针布百”牌布鞋一样，承载着一群残疾人追求美好生活的努力，朴实而厚重。

残疾人创业产品进超市，牵线的是绍兴市残疾人联合会。市残联积极推动残疾人创业产品进超市、进银行，为残疾人编织梦想、搭建平台。首期共有 6 名残疾人创业者的 42 件创业产品，免费进驻浙江供销超市 10 家门店。

共同富裕路上，一个都不能掉队。2022 年，绍兴率先谋划出台《关于进一步加强残疾人工作促进共同富裕的若干措施》，为“出手扶一把”建章立制。其中明确，对残疾人在绍初次创业给予 2 万元一次性创业补贴和 1 万元一次性创业社保补贴。对申请创业资金贷款的残疾人，可给予最高 50 万元的创业担保贷款并给予财政全额贴息。针对孤独症群体，还专门出台方案支持“融爱星”积极参与省级试点，帮助更多“星星的孩子”有尊严地融入社会。

党的二十大报告提出，完善残疾人社会保障制度和关爱服务体系，促进残疾人事业全面发展。绍兴将以数字化改革赋能助残服务，逐步建立起“无感化”联办模式，打造帮办、代办、上门办等为残疾人综合服务的“金名片”。

政府性融资担保机构，也将在实现这个目标的过程中贡献自己的力量。

第五节　疫无情，担保有情

2020年初，新冠疫情暴发。

面对突发事件，浙江省担保集团两级党组织和全体党员，严格贯彻落实党中央《关于加强党的领导、为打赢疫情防控阻击战提供坚强政治保证的通知》和浙江省委、省政府相关精神，主动冲锋在前，积极投身属地疫情防控工作。

针对疫情，省担保集团快速开发出多款针对性强的新产品，有力地支援了全省的抗疫、保经济、保民生事业，助力企业尽快复工复产。

1. 我是党员，我为先

鲁臻捷是省担保集团风险管理部的一名普通职工，也是一名党员。2019年才申请入党的他，是集团党员队伍中的新生力量。

新冠疫情暴发时，鲁臻捷正在妻子的老家桐庐瑶琳镇高翔村过年。当时村中各个出入口都已经设了检测卡点，作为保障村内安全的第一道也是最重要的防线，这里自然不容有失。

村庄卡口管理工作可不好做。其中最艰难的要数夜间值守，志愿者除了要抵挡困意，还要忍受寒风的侵袭。鲁臻捷并没有犹豫，他主动加入村里的疫情联防队，挑起了村庄卡口的夜间值守岗的重任。

时值严冬，夜晚最低气温甚至会降到0℃以下。每天上岗前，鲁臻捷都要穿上自己最厚的棉绒外套御寒。夜晚也最易犯困，小鲁和其他值夜班的同事一样，困了就站到冷风里刺激一下，人就清醒了。

鲁臻捷就是一个闲不下来的人，朋友们都说他像牛一样，勤快、肯干、肯担担子。回到杭州单位后，他又活跃在上城区望江街道近江西园社区的疫情防控工作一线，忙起了社区出入居民体温监测、人员信息登记的工作。

与小鲁一样的，还有党员任祖民、章可鑫、田兰等人，他们各自向所在社区党组织请战，就近加入了小区疫情防控的“党员先锋岗”。

南太湖新区公安
湖

有人出人，有力出力，有钱出钱。浙江省担保集团的党员们积极筹措抗疫物资，用自己的力量和资源支援一线。2020年春节期间，市面上防疫物资紧缺，像口罩这样的消耗品更是一“罩”难求。党群工作部党员张晨静发动人脉资源，想方设法为集团公司筹措到了一批口罩、消毒水等防疫物资。同时，她还向小区物业、社区医院等捐献了口罩和护目镜，向武汉慈善总会捐了款。

法律合规部的党员毛诚积极寻找渠道，帮助集团筹措到消毒水；融资担保公司员工李敏哲则动员家族企业，争取到了一些紧缺的医疗设备。

冲锋在前的担保集团党员们，不是一个人在战斗，背后都少不了家庭的支持。融担公司党员章维士的妻子是余杭中医院崇贤分院的医务人员，再担保公司入党积极分子王家奇的妻子则是一名社区工作人员，为了让丈夫能安心参与疫情排查随访和社区防控工作，她们主动包办家庭事务，稳固了“大后方”。

在疫情肆虐的日子里，主动奉献的集团党员，远不止上述提到的这几个人。在集团党委的领导下，很多党员冲锋在前，他们的故事，都令人感动。

2. 助力渡难关，浙担在线

疫情略微平稳之后，浙江省担保集团认真贯彻落实稳企业、稳经济、稳发展30条意见要求，第一时间研究出台了减免保费、取消反担保要求等5项惠企政策。与此同时，还推出了战疫保障保、园区复产保、商圈复市保、备耕农资保、外贸保等5个专项担保产品，并将其推广至全省各地市机构，全力支持保障全省的防疫物资生产企业扩大生产、小微企业复工复产复市、粮食蔬菜企业稳产保供、农业春耕备耕和外贸型企业渡过难关等融资需求。

疫情造成的问题是显而易见的。长时间的停工停产，几乎把一些企业逼上了绝路，轻则资金链断裂，重则停产倒闭。在近几年的融资担保业务中，浙江省担保集团及全省政府性融资担保的服务对象之所以陷入困境，很多与疫情息息相关。

杭州迅敏康生物科技有限公司（以下简称“迅敏康”）是一家提供不明原因微生物感染检测服务的科技型企业，公司的“新型冠状病毒精准诊断技术研究与应用”还曾被列入市级科技计划项目。公司研发出了新冠病毒检测试剂盒及配套系统，供浙大一院、中山医院、绍兴防疫等单位使用，是重点保障企业。

即便如此，在严峻的环境下，这家诞生还不到 2 年的小公司也遭遇了市场不确定性的风险，差点被一棍子打蒙了。

加大新冠病毒精准诊断技术研究与应用，急需资金，但公司资金存量不

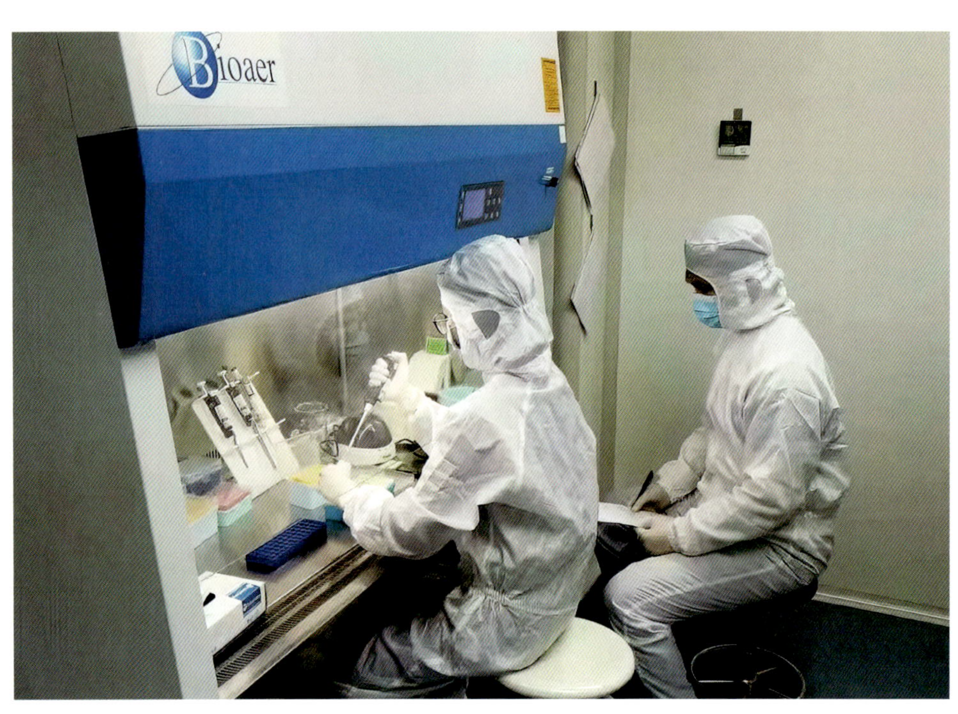

足，企业陷入了束手无策的困局。如果不快速解决资金问题，不仅无法为疫情提供更多的产品和服务，而且还可能“出师未捷身先死”。

幸运的是，迅敏康的负责人对政府政策相当了解，他们将希望寄托在融资担保上，希望借此获得金融贷款，既帮助企业脱离困局，也能帮助抗疫。

那天，一封邮件在浙江省担保集团员工任云祁的手机屏幕上跳了出来，这是集团转发来的一封“求救信”，发信人正是迅敏康。

当时集团还没复工。按理，在家休息的任云祁可以暂缓处理工作，但他果断选择了第一时间响应。他是集团下属再担保公司的业务骨干，平日里就是一个果决、靠谱的人。而不久前，他刚递交了入党申请书，这个时刻，他更加要有积极的担当。情况刻不容缓，任云祁决定立刻结束假期，投入工作。

这单业务的牵头人是再担保公司党支部委员蔡志文。蔡志文与任云祁二人安排好时间，马上按规定的流程，对迅敏康开展尽职调查。

春节假期刚刚结束，本是复工复产的日子，但是杭城的街头明显比往年萧瑟了很多。路两边落下的梧桐叶随风翻滚，原本喧闹的城市异常静默。这样的表象之下，是人们不安的情绪在翻涌。

在严峻的疫情下，检测试剂缺乏，而迅敏康就是检测试剂的生产商。“帮助企业就是帮助抗疫”，一想到这里，蔡志文、任云祁二人就加快了脚步。如果能尽快帮助迅敏康复工复产，那么战胜疫情的胜算就又多了一分，人们也能更早恢复正常生活。

尽职调查、现场指导流程申报、对接银行、视频会议快速审核……在业务方面，二人都是有实战经验的。一套“组合拳”下来，300 万元贷款很快有了眉目。这也是浙江省担保集团首次采用“战疫保障保”为企业提供服务，站在停工停产悬崖边缘的迅敏康，被一把拉了回来。

考虑到疫情随时有可能反复，集团针对迅敏康出台了新的惠企措施：在 1 年内无须缴纳担保费用。这一举措，为这次速战速决的救援行动附赠了较长时间且人性化的保障。

此后不久，浙江省担保集团对迅敏康进行了回访，见到忙碌的生产线又恢复了往日的活力，担保集团的干部员工长长地舒了一口气。

与迅敏康类似，嘉兴君泰医用辅料有限公司（以下简称“嘉兴君泰”）也受惠于“战疫保障保”，感受了一次起死回生的魔力。

嘉兴君泰的诉求是贷款500万元，这可不是一笔小数目。面对这样一家有KN95口罩生产资质的企业，省担保集团必须“特事特办”。此次达成合作的担保机构是嘉兴信保基金，审批流程在线完成。同样，免除了1年担保费。

3. 支持企业复工复产，浙江省担保集团尽心尽力

疫情暴发后，浙江省担保集团针对不同客户群体，于2020年2月推出4个专项担保产品，全力保障省内小微企业和“三农”主体顺利复工复产。

我们来解读一下这4个“定制”的创新产品。

战疫保障保：服务对象为新冠疫情防控相关物资生产销售、物流运输及民生保障等企业，担保额度一般不超过500万元；特殊项目经一事一议，担保额度可适当增加；担保期限最长可至3年；取消反担保要求，免收担保费。

园区复产保：服务对象为受新冠疫情影响的入园复产小微企业，单户担保金额最高500万元；担保期限1年；担保费率1%/年；免除抵质押反担保措施或扩大抵质押担保融资率；免收3个月担保费。

商圈复市保：服务对象为入驻专业市场、商圈恢复经营的小微企业和个体经营户，单户担保金额最高50万元；担保期限1年；担保费率0.75%/年；免收3个月担保费。

备耕农资保：服务对象为春耕备耕及提供配套农资的“三农”客户，单户担保金额原则上不超过30万元；特殊项目超过30万元的一事一议；担保期限不超过一年；担保费率为0.75%/年；免收3个月担保费。

推出上述专项产品后，担保集团进一步提出了“提高容忍度，引导体系降费让利”的措施。加强与合作担保机构的业务联动，联合开发相应的专项再担保产品并不设分担上限。对各机构在产品适用期限内发生的担保业务，免收3

个月再担保费，引导合作担保机构降费让利。与此同时，集团建立应急工作机制，实行“特事特办、急事急办”，开通绿色服务通道，推广线上业务办理，缩短服务周期，提高审批效率，确保快速满足疫情防控企业的资金需求。

浙江省担保集团推出“浙担·外贸保”专项再担保产品，精准服务外贸企业。该项产品以全省（除宁波外）外贸型小微企业为服务对象。单户担保额度由 500 万元上调至 1000 万元，担保期限 1 年，担保业务指导费率不超过 1%/年，按 40% 的比例承担再担保责任。同时取消分担上限的控制，再担保费进一步减免等优惠政策。

嘉兴云切供应链管理公司是受惠于“浙担·外贸保”的第一家企业。这是一家基于互联网平台和云计算技术的钢板切割企业，受大环境影响，公司出现严重资金紧缺。嘉兴信保基金融资担保了解情况后，立即启动“浙担·外贸保”专项再担保产品申报程序，以最快的速度为企业提供了 800 万元贷款担保，担保费率仅 0.4%/ 年。省担保集团为其提供再担保，解决了企业的燃眉之急。

“浙担·外贸保”专项再担保产品在嘉兴试点成功后，在全省范围内快速推广，有效助力企业复工复产，渡过难关。

那些日子里，在全省政府性融资担保机构的帮扶下，越来越多的企业恢复了正常生产。

尾章
在共同富裕路上留下浙担足迹

共同富裕是社会主义的本质要求，是人民群众的共同期盼。改革开放后，通过允许一部分人、一部分地区先富起来，先富带后富，极大解放和发展了社会生产力，人民生活水平不断提高。党的十八大以来，以习近平同志为核心的党中央不忘初心、牢记使命，团结带领全党全国各族人民，始终朝着实现共同富裕的目标不懈努力，全面建成小康社会取得伟大历史性成就，特别是决战脱贫攻坚取得全面胜利，困扰中华民族几千年的绝对贫困问题得到历史性解决。

实现全体人民共同富裕是一项长期艰巨的任务，需要选取部分地区先行先试、做出示范。浙江省在探索解决发展不平衡不充分问题方面取得了明显成效，具备开展共同富裕示范区建设的基础和优势。2021 年 6 月 10 日，中共中央、国务院发布《关于支持浙江高质量发展建设共同富裕示范区的意见》，赋予浙江重要示范改革任务，要求浙江先行先试，为全国推动共同富裕提供省域范例。

浙江省第十五次党代会提出，浙江将突出在高质量发展中奋力推进共同富裕先行和省域现代化先行，打造新时代党建高地和清廉建设高地、高质量发展高地、数字变革高地等“8 个高地”，以此引领未来 5 年发展。

浙江省委、省政府要求，到 2025 年，浙江推动高质量发展建设共同富裕示范区将取得明显实质性进展；到 2035 年，高质量发展取得更大成就，基本实现共同富裕。这一进度要求总体比全国提前 15 年。

浙江的底气，来自创新。创新制胜，在高位实现新增长，这是浙江的经验，也是未来将继续沿用的做法——着力推动全面转入创新驱动发展模式。

浙江的底气，来自数字新动能。数字经济已成为彰显浙江经济社会高质量发展的“金名片”。未来，数字化改革将继续成为带动经济社会高质量发展的重要引擎。

浙江的底气，来自高水平开放。跳出浙江发展浙江，积极参与长三角一体化发展、长江经济带发展、“一带一路”倡议……在构建新发展格局中，浙江的开放格局越开越大，与时代和国家越发“同频共振”。

浙江的底气，来自区域协调发展。浙江的城乡一体化发展水平总体较高，在共同富裕和现代化大场景下，山区 26 县和农业农村虽然仍是短板，但也是潜力所在。这些地方，或将成为浙江经济高质量发展新的增长极。

目标远大，振奋人心。这对浙江省担保集团和全省政府性融资担保机构来说，既是机遇，也是挑战。在“两个先行”的路上，“浙担人”已经做好了准备。

浙江省担保集团有限公司文件

关于印发《浙江省担保集团有限公司关于发挥政府性融资担保体系作用助力高质量发展建设共同富裕示范区的实施意见（2022—2025年）》的通知

本书的最后，我们选用了《金融时报》2023 年 5 月 29 日刊登的一篇文章，题目是《浙江担保业：在共同富裕路上留下担保足迹》。记者胡萍以深情款款的文字，讲述了浙江省担保集团和全省政府性融资担保体系在共富路上的所作所为。

“你浅浅的微笑就是我们担保人的快乐！”浙江省担保集团有限公司总经理沈继荣说，“面对幸福生活，担保机构服务的客户露出了这样的表情，而这些微笑也是我们继续努力前行的动力。”

在浙江省担保集团的积极推动下，浙江省政府性融资担保系统充分发挥担保作用，让越来越多小微企业主感受到共同富裕带来的幸福感。

为老客户持续助力

“希望未来能在先进基础材料、关键战略材料、前沿新材料方向能有更大作为，成长为在国际新材料舞台上与大象共舞的中国力量。”中国科技大学、伦敦大学国王学院联合培养博士，清华大学、合肥微尺度物质科学国家研究中心博士后，绍兴第四届海内外高层次人才创新创业大赛一等奖获得者李军配说。

2019 年 10 月，李军配带着“安全健康的大分子着色剂”创业项目落户绍兴人才创业园，创办了浙江材华科技有限公司。初创期的材华科技因高人力成本、高研发投入、轻资产，较难获得充分融资，资金周转较为紧张。在获悉这一情况后，绍兴市融担公司迅速对接合作银行，银担高效联动为企业融资开辟绿色通道，短时间内即为企业落实了首笔 100 万元的融资增信支持。

几年来，绍兴市融担公司对材华科技的支持力度越来越大，去年为企业提供了 900 万元的担保贷款，企业也进入快速发展阶段，大分子着色剂材料仅用两年时间就实现了量产，在彩妆日化、油漆涂层、光电材料、生物医学等领域得到了广泛应用，销售额从 2020 年的 121 万元一路增长至 2022 年的 1067.54 万元，年均增长率高达 296%。目前，公司已经完成了种子轮、天使轮、Pre-A 轮融资，还获得了国家高新技术企业、浙江省专精特新中小企业等荣誉称号。

绍兴市秦望茶业有限公司总经理汤帅亮也是绍兴市融担公司的老客户。2021 年，汤帅亮计划改造秦望茶业基地，增设全省首个大学生农创客会客厅，并着手开发“农创优鲜”微信小程序，开设线下体验店。得知其尚有部分资金缺口后，绍兴市融担公司积极主动对接，为其量身定制了一套融资担保服务方案，送上了 200 万元的资金“及时雨”。如今，他将自家茶园从原来的 60 多亩拓展到 300 多亩，联结周边农户茶园 2500 亩，年生产茶叶 50 吨，销往北京、上海、山东等地，帮助茶农增收近 300 万元。

“做好茶是我的初心，带领乡亲们一起致富，让日铸茶走得更远是我的梦想。担保公司的保驾护航，为像我一样的‘新农人’架起了圆梦的阶梯，撑起了一展身手的广阔舞台。”汤帅亮说。

滴灌式精准纾困

“担保公司的服务就是快、就是好，才用了两三天时间就解决了我们的资金难题，你们看，现在大棚里的蔬菜长得多好，我们致富的劲头更足啦！”金华市金东区农户盛本贤，2018 年 11 月成立金华市绿盛源农业科技有限公司，主要通过大棚种植瓜果蔬菜，给生鲜超市、学校等单位食堂供货。

自 2020 年起，因疫情及受冰雹袭击等影响，盛本贤的公司客源骤降、大棚受损严重。金华市融资担保公司和当地银行在走访了解情况后，第一时间研究帮扶政策，协商好贷款方案，简化担保流程，为绿盛源 50 万元的贷款提供担保。有了这笔资金，绿盛源缓解了资金压力，受损大棚得以修缮，第二年转贷时归还本金 10 万元。

金华市个体工商户舒妙辉，在商场里承租铺位，经营各类鞋及箱包等产品，在当地具有较好的口碑。她的店铺订单充足，但是缺少流动资金进购鞋类、箱包等货品。舒妙辉属于首贷户，金华市融资担保公司主动“开门问诊”，深入了解她的经营情况和金融需求，最终为店铺提供了 30 万元的担保贷款。“有了这笔 30 万元的担保贷款支持，我就有底气去承接更多的订单了！”舒妙辉说。

自 2020 年开始，浙江省担保集团制定出台五大专项政策，同步推出了“战疫保障保”“园区复产保”“商圈复市保”“备耕农资保”“浙担·外贸保”等 5 个专项担保产品，支持全省疫情防控和企业复工复产。2022 年根据形势变化，及时推出稳经济九项举措，有力支持全省经济稳进提质，全年累计为交通运输、批发零售、住宿及餐饮等行业的 3.5 万户小微企业和个体工商户提供 301 亿元贷款担保服务，比年初增长 110%。

聚合力走好共富路

浙江省担保集团于2016年3月组建成立，截至2022年末，集团小微企业、“三农”普惠担保业务在国家融担基金备案金额达1134亿元，占全国份额的9.5%，居全国第二位。

“集团根据省委、省政府决策部署，在省财政厅、省地方金融监管局等部门的指导下，积极推动全省政府性融资担保机构体系改革，认真履行对全省担保机构的协同管理职责，全系统服务‘支农支小’心更齐、力更足。”沈继荣说，2020年以来集团先后争取国家融担基金股权投资4.4亿元，完成对8家市级担保机构8.3亿元投资，获投金额为全国之最。同时，积极推动市县担保机构资源的优化统筹，支持市级机构因地制宜合并、控股或参股县级机构，建设遍及全省10个设区市、80个县（市、区）的政府性融资担保服务网络。目前，多地市县担保机构资源优化统筹工作基本完成，全系统服务标准基本统一，“支农支小”能力显著提升，“浙江省担保集团”品牌进一步打响。

《金融时报》记者获悉，浙江省担保集团围绕创新创业、“三农”发展、绿色发展、先进制造、应急保障等重点领域构建“浙担”产品体系，指导市县担保机构因地制宜推出170余个专项担保产品。整合省市县三级担保机构资源，组建综合金融服务团队，“一县一策”对接服务山区26县融资难题。

在助力共同富裕方面，浙江省担保集团着力打好“组合拳”，系统谋划服务共同富裕示范先行的工作体系。比如，第一时间建立“1＋N”服务共同富裕示范区建设政策体系（即1个总体方案，N是指支持乡村振兴、山区26县发展、制造业高质量发展、专精特新中小企业发展等专项文件），加强担保产品创新、研发和推广。2022年，公司全系统服务乡村振兴担保余额达335亿元，服务山区26县担保余额达233亿元。

沈继荣表示，未来，浙江省担保集团将继续扎实履行国有企业政治责任，在助共富、强产业、促发展中展现担保应有的作为。

灭火器箱
FIRE EXTINGUISHER BOX
119
灭火器使用方法

后记

坚持党的领导、加强党的建设，进一步发挥好国企党组织的领导核心和政治核心作用，是保证党和国家方针政策、重大部署在国有企业贯彻执行的根本。

作为市场竞争主体，国企有其经济属性，但不论如何改革发展，都不能忘记“姓党”的本分。2023 年是全面贯彻党的二十大精神的开局之年，立足于“国之大者”和“省之大计”，奋力打造勤廉并重的新时代党建高地，以高质量党建引领保障国有企业高质量发展，是浙江省担保集团党委的重要任务。

《国务院办公厅关于有效发挥政府性融资担保基金作用切实支持小微企业和“三农”发展的指导意见》下发后，2021 年 5 月，浙江省政府决定启动全省政府性融资担保机构体系改革，着力解决市县政府性融资担保机构“业务规模小、专业能力弱、资源分布散、保障机制不健全”等问题，全方位提升政府性融资担保服务市场主体融资、服务地方经济发展、服务重大战略实施的能力。为履行好助推改革职能，浙江省担保集团积极构筑金融党建链，促进全省资源整合协同，全面提升政府性融资担保机构的专业能力和服务能力，切实将其打造为浙江省营商环境的金名片。

在金融党建链引领带动下，“弱、小、散”等影响市县机构高质量可持续发展的问题得到有效突破，政府性融资担保在全省普惠金融体系中的影响力和贡献度跃升明显，省政府下达的改革三年目标任务提前完成，有效助力全省营商环境优化提升“一号改革工程”实施。

与此同时，市县担保资源进一步优化整合，覆盖省内 10 个地级市、80 个县市区的政府性融资担保服务网络基本形成，资本金补充、保费补助、风险补偿、绩效评价、尽职免责等促进机构可持续发展的保障机制基本建立到位，市县机构资源统筹能力、担保业务能力和抗风险能力持续增强。在“数智浙担”新业务系统的带动下，担保融资周期从传统的7至10天缩短到当天申请当天放款，为解决浙江省小微企业和“三农”融资难、融资贵、融资慢问题做出了重要贡献。

目前，金融党建链已经成为浙江省担保集团在全国行业内体现示范引领作用的重要载体，先后吸引了江苏、四川、安徽、河南、广东等地的多个省市担保机构前来学习取经，并应邀先后在2023年全国融资担保行业发展论坛和省属国有企业半年度工作会议上作为典型经验交流。

为总结浙江省担保集团的特色党建工作经验，更好地发挥党建引领事业发展的作用，集团党委拟出版一本展示浙担新风尚的图书，并专门委托浙江艺阁文化传媒集团参与编创工作。艺阁文化与浙江省担保集团党群工作部成立了工作小组，走访全省各地多家政府性融资担保机构，深入调研采访，广泛收集担保行业的精彩案例，用近一年的时间，完成了本书的创作。

本书围绕浙江省担保集团“双拥共促”的发展战略，收录了担保集团富有特色的党建做法和经验，以担保行业若干真实案例，展现省担保集团作为全省政府性融资担保体系的龙头，如何以党建引领全体系改革发展的新风尚，以及与时俱进、不断创新的丰硕成果。书中的内容，具有鲜明的时代特征，同时体现了国有企业传统的担当和责任。其中的每一次进步，都凝结着浙江省担保集团党委、基层党支部、广大党务工作者和全体“浙担人”的智慧和心血。

浙江省担保集团党委对本书的编写高度重视，多次组织讨论并提出具体要求和创作方向。党群工作部同志对执行流程的推进进行了具体安排，为本书编写提供资料、收集图片、安排采访等，做了大量工作。本书在编写过程中也得到了全省各市、县担保机构的大力支持，在此一并致谢。

浙江省担保集团和全省政府性融资担保体系的改革和党建工作涉及面广，因篇幅限制，有很多优秀的经验、做法及案例未能纳入本书。同时，集团发展日新月异，很多数据可能滞后，只能作为一个横断面进行参考。由于我们的理论功底、政策水平、实践经验有限，书中难免有错漏之处，加上时间仓促，书中一些文字表述没有仔细斟酌，敬请广大读者、专家批评指正。

书中参考、引用了一些专家、学者和媒体的观点，部分在文中未特别注明，敬请各方予以谅解。

本书编辑委员会

2023 年 12 月

图书在版编目（CIP）数据

善担善为：国资国企新风尚在浙江担保的探索与实践 / 浙江省担保集团编．-- 杭州：浙江工商大学出版社，2024. 9. -- ISBN 978-7-5178-6166-9

Ⅰ．D267.1

中国国家版本馆 CIP 数据核字第 20245YZ222 号

善担善为

——国资国企新风尚在浙江担保的探索与实践

SHAN DAN SHAN WEI

——GUOZI GUOQI XIN FENGSHANG ZAI ZHEJIANG DANBAO DE TANSUO YU SHIJIAN

浙江省担保集团 编

策划编辑 沈 娴
责任编辑 刘 颖
责任校对 胡辰怡
封面设计 罗钏艺
责任印制 包建辉
出版发行 浙江工商大学出版社
（杭州市教工路 198 号 邮政编码 310012）
（E-mail：zjgsupress@163.com）
（网址：https://www.zjgsupress.com）
电话：0571-88904980，88831806（传真）
排 版 浙江艺阁文化传媒集团有限公司
印 刷 浙江海虹彩色印务有限公司
开 本 787mm × 1092mm 1/16
印 张 13
字 数 187 千
版 印 次 2024 年 9 月第 1 版 2024 年 9 月第 1 次印刷
书 号 ISBN 978-7-5178-6166-9
定 价 88.00 元